これだけ！
5S

会社の空気が一変する
仕事の基本5か条

川原慎也＋響城れい

すばる舎リンケージ

はじめに

「5Sで会社が儲かる」

こう言うと、「嘘だ」「そんなはずがない」とおっしゃる方もたくさんいらっしゃるかと思います。

しかし、現に**5Sが徹底できている会社は儲かっていると断言できます。**

念のため5Sとは何かをご説明させていただくと、整理・整頓・清掃・清潔・躾のそれぞれの頭文字Sを取ったものです。

以前は工場などの生産管理の手法の1つとして捉えられてきたこともあり、5Sと言うと「せいぜい職場が綺麗になって、時間のロスが少し減るぐらいですよね」なんて言われることもあります。

とんでもない、5Sは「利益を上げるに値するような組織風土をつくるための活動」と位置づけられるぐらい、重要な取り組みです。

……と、これだけ力説したところで、「そんな基本的なことで変わるものか」と思われるのもわからないではありません。

ではここで少し、想像してみてください。

営業、あるいは取引先を訪問してドアを開けると、中にいる人は一生懸命自分の仕事に打ち込んでいるようで、誰も応対に出てこず待ちぼうけ。雰囲気もなんだか雑然としています。

かたや、ドアを明けた瞬間、「いらっしゃいませ」という明るい声がして、ハキハキと応対してもらえた。エントランスもピカピカで、入った瞬間気持ちがよくなります。

どちらのほうが、儲かっていそうだと感じるでしょうか。

明らかに後者だと感じたのではないかと思います。

前者も、社員の方たちは真面目に働いているだけなのかもしれませんが、与えられた仕事を黙々とこなしているだけでよかったのは、もはや昔のこと。

ビジネスにおいては、「何をやるか」という（外から見える）戦略が重要であることは言うまでもありませんが、「どんな組織でやるか」という（外からは見えない）環境づくりも同じぐらい重要であり、**この両輪がそろわなければ、もはや戦えない時代**に入ってきています。

そうです。企業間の競争が激しくなり、生き残りをかけて日々厳しい状況の中で戦わなければならない現在は、組織のパフォーマンス（周囲の人と知恵を出し合い、力を合わせることで発揮される行動の質）を高めることも必要不可欠な要件なのです。

そこで役立つのが、５Ｓです。

５Ｓがなぜ効果的なのか、少しだけ先取りしてお話しすると、それは、**今仕事で求められているスキルが、５Ｓを通じて培われる**から、という1点に尽きます。

具体的には、風通しのいいコミュニケーション環境、組織の判断基準の共有、基本レベルの向上……など組織には欠かせないことばかりです。

ただ、いざ実践するとなると、そこまで成功するイメージが描けないからか、なかなか効果が出るまで続かないところがほとんどだと思います。

これまでにも「５Ｓブーム」のようなものが何度かあったものの、多くの会社でまだまだ5Ｓが根づいていないという現実がその証拠だと言えるでしょう。

そこで、本書の第1部では徹底的に、５Ｓのメリットと、続かない要因について追求してみました。その上で、どうすれば成果に結びつけられるか、そのしくみづくりについて詳しく解説しています。

なぜ今までの取り組みがうまくいかなかったのか、納得していただけるはずです。

この理論部分は、経営コンサルタントとして数多くの企業の奮闘ぶりを見守ってきた川原が担当です。

そして、第2部は実践編として、整理・整頓など5Sそれぞれの実践的なアドバイスを、お掃除のプロ・響城がノウハウをぎゅっと凝縮して紹介しています。


あなたのオフィスには、清々しい空気の流れとキビキビしたいい緊張感が感じられますか？

本書をきっかけに挑戦（あるいは再挑戦）を始める会社が数多く出てくることを願い、かつその挑戦が成功することを大いに期待しています。

2013年8月吉日

川原　慎也
響城　れい

◎これだけ！　5S　もくじ

はじめに……2

第1部　5S理論編

第1章

5Sの徹底で会社は儲かる！

◎儲かっているかどうかは会社を見ればわかる……16
足を踏み入れた瞬間の印象はどうですか？
「明るくて気持ちいい」をつくるもの
誰か1人ががんばっても、それは5Sではない
❶5Sをベースに V字回復を次々実現！　日本電産の再生術……23
永守社長が大切にする3Q6Sとは？
経営の危機から一転、過去最高の利益を計上
再建の鍵は3Q6S委員会
徹底的な監査で社員の意識が変わり始めた！
6Sを業績にどう結びつけるのか

第2章

なぜ5Sが継続できないのか？

❷ 5Sで起死回生！ システム販売会社A社のケース……34
深刻な業績悪化、社内の雰囲気は最悪
1度断わられ、1年後に受け入れられた提案
「今の御社と取引したい会社はない」厳しいスタート
まずは社長と役員がせっせと掃除。社員は無視……
社員を巻き込むプロジェクトチームが発足
危機感の共有後、いざ本格的に5Sがスタート
6ヵ月後には社内の雰囲気も一変、業績も大幅に改善！

⓪ たかが5S、なのにできない……52
いつの間にかやらなくなる、が大多数
原因は組織特有のウイルスにあり
取り組みが進む・進まないの違いはどこに？
担当顧客を手放せない営業マン
真犯人は、〝形状記憶ウイルス〟

❶ 成果に反映されるまで時間がかかる……60
つい〝お金になる〟業務を優先しがち
オフィスで5Sは効果があるのか？
5Sは利益に直結しない＝優先順位が低くなる

2 会社内の温度差が5Sを阻む……66
全社員で実行してこそ意味がある
気がきく人が損をする⁉
評価制度に5Sを組み込み、ウイルスを予防しよう

3 手段の目的化による〝やらされ感〟……71
イヤイヤやっても効果は上がらない
本来の目的を忘れてしまうと、やらされ感が漂い出す
必要だとわかっていても、できないのが人間

4 みんながいいね！と言うことこそ続かない……76
やり始めてから対処しても「時すでに遅し」
ひとまず近いところに目的を定める

第3章

無理なく5Sが進むしくみ

0 1歩を踏み出すのは社長自身……82
トップが実践すれば下は自然とついてくる
特別な業界、会社などない
確信が持てるか、ではなく、ゴールイメージを描けるかどうか

❶何のために5Sかを明確にする……87
ゴールイメージをつかむための情報収集をしよう
「日本一の知恵工場」タニサケ
掃除を通して従業員への感謝の心を伝える
従業員のモチベーションが続く細かなしかけ

❷従業員満足を第一に考える……96
5Sの実行度合いを高めるサービス・プロフィット・チェーン
安心して働ける、という満足もある
「社員を幸せにする会社」伊那食品工業
身の丈に合った会社経営
この会社のために、と思えるかどうか
利益は残りものに過ぎない

❸レベルの高い基本ができる集団をつくる……108
〝当たり前〟ができる組織は強い
本当の「基本」とは何か
基本を極めることで好循環が生まれる

第４章

５つの中間目的で５Ｓを完遂

●５Ｓを継続するための中間目的……118
１回綺麗にして満足、で終わらないために
中間目的の延長線上に「儲かる」がある
外部環境をもはね返す強い組織の条件
内部改革で生まれ変わった日本航空

❶中間目的① 決断力の向上……125
判断基準の統一で社員全員の意思決定力が上がる
組織としての判断基準が培われる
自分の考えで動ける人が育つディズニーランド
行動指針は非常時でも役に立つ

❷中間目的② 円滑なコミュニケーション……133
組織として1つにまとまること、本音を言えること
シンプルかつ重要なことができない現実
「会話の時間をつくる」だけでも心理的障害が発生する⁉
フラットな関係で行なうからこそ得られるもの
企業の回復に特効薬などない

③中間目的③　価値観の共有……143
パフォーマンスが上がる魔法の言葉
プロスポーツ選手も実感する「ありがとう」のパワー
感謝の気持ちを持つと行動が変わる
朝、ちゃんと挨拶していますか？

④中間目的④　組織的なパフォーマンス向上……152
100％の力を出すフロー化
いざというときに力を出せるか
挨拶ができる上司の元なら、部下も実力を発揮できる
パフォーマンスにこだわるわけ

⑤中間目的⑤　基本レベル向上サイクルの定着……158
レベルの高いことまで「当たり前」にしてしまう
本気度は言葉に表れる
それぞれのSについて自分たちなりに考えよう
言葉の意味を考え抜き、行動に移すことをくり返す

第5章

これでバッチリ！5Sのコツ

○会社の雰囲気は評価に直結する……168
会社も見た目が8割？
今や会社が汚いことはリスクになり得る

1 躾① やらない理由を1つひとつ潰していく……172
気合いではどうにもならないことがある
トップ自ら実行宣言&目に見える形で励行
「5S遂行委員長」で管理者を明確にする
2 躾② 行動を促すきっかけづくり……180
全社一斉に、決まった時間に始めよう
チェックシートで楽しみながら取り組む
3 清潔① 知っていると得するコツ……184
少しの労力で綺麗な状態を保つには
心がけたい意識の三原則
やる・やらないで大違い！ 行動の三原則
新しいものがきたときのルール
4 清潔② 一瞬でできる簡単テクニック……192
5秒で見違えるコツ
5 整理① 職場の〝健康状態〟を診断してみよう……194
現状を改めて振り返ってみる
形状記憶ウイルスにやられていないか？
5Sは自分たちの手でやるべきことと認識する
6 整理② とりあえず職場にあるものを減らす……200
まずは不要なものを処分してから
誰もが一目でわかるような判断基準を持つ
捨てるときの4つの基準

⑦ 整理③ 古いものを捨てる……206
新しいものを入れた分だけ、出さなければならない

⑧ 整理④ 捨てる技術……209
絶対に捨てられる方法
アイテム別・捨てる基準一覧

⑨ 整頓① スッキリ見えて使いやすい収納方法……215
パッと見で全部把握できる状態がベスト
中は使いやすさ、外は見た目を優先
綺麗に仕上がる2つのポイント

⑩ 整頓② 特に気をつけたい収納スペース……219
賢い引出しの使い方
キャビネットは使ったら戻す、を徹底

⑪ 清掃① 大掃除ではなく小掃除をコツコツ……224
隙き間時間の活用でピカピカに！
掃除で気を配るべきポイント

⑫ 清掃② ここで差がつく！ プロのテクニック……228
簡単かつ効率よくすませるコツ
便利なお掃除グッズ
ここに注意すれば二重丸

装丁　　――遠藤陽一
（デザインワークショップジン）
本文図版――李 佳珍

第１章

５Ｓの徹底で会社は儲かる！

「整理整頓、掃除なんかで本当に儲かるの？」と思わず疑ってしまう、それが皆さんの本音ではないでしょうか。

本章では実際に５Ｓを徹底して業績を上げている会社を例に取り、５Ｓを実践すると何が変わるのか、なぜ５Ｓが効果的なのか、知られざる５Ｓのパワーについてみっちり解説してまいります。

儲かっているかどうかは会社を見ればわかる

足を踏み入れた瞬間の印象はどうですか？

「いやー、ずいぶん綺麗なオフィスですね」

「社員の皆さんの挨拶も気持ちがいいですね」

これらのコメントは、「何かお世辞を言わなきゃ」とか「あらかじめ言おうと準備しておく」類いのものではなく、**思わず口に出てくる場合がほとんど**です。

恐らく、読者の皆さんの中にも、同じような経験をされている方は多いのではないでしょうか。

営業のお仕事をされている方であれば、たくさんの取引先を回られていることでしょうし、そういう職種ではなかったとしても、私たちは常日頃顧客の立場でオフィスや店舗など様々な場所を訪れています。

５Ｓが徹底できる会社は儲かる！

明るくて綺麗なオフィス（店舗）

＝

儲かっているケースが圧倒的に多い！

そこに足を踏み入れた瞬間に、「明るくて気持ちのいいオフィス（店舗）だなぁ」と感じることもあれば、「何だかどんよりして雰囲気のよくないオフィス（店舗）だなぁ」と感じることもあるでしょう。

ハッキリしているのは、**「明るくて気持ちのいいオフィス（店舗）である会社は、そうではないオフィス（店舗）と比較して格段に儲かっている」**ということです。

これは私が経営コンサルタントとして数々の会社を見てきた経験からも、ほぼ間違いないと言えます。

○「明るくて気持ちいい」をつくるもの

では、それらの企業は何に取り組んでいるのでしょうか。

それは、本書のテーマでもある、5Sです。

徹底的に5Sを実践しているからこそ、一目見て「明るくて気持ちがいい」と感じるレベルになれるのです。

「何を今さら」

「それって、当たり前じゃないの」

そんな風に思われる方もいるかもしれませんね。

しかし、もしそうだとするとこんな疑問が湧いてきます。

「なぜ当たり前だとわかっているのに、全ての企業が5Sを徹底できないのか？」

「明るくて気持ちのいい」状態を維持している、つまり5Sを徹底している企業が儲かっているのは当たり前、ということであれば、世の中に存在する企業はこぞって5Sに取り組んでいてしかるべきです。

それにも関わらず、「何だかどんよりして雰囲気の暗い」企業は意外とあちらこちらに存在していますし、ある意味何も感じ取れない「可もなく不可もなく」という状態の企業となるとかなり……というよりも、どちらかと言えばそちらのほうが大多数であるように思います。

皆さんが働いている会社はどんな状態でしょうか。

1つ前提として確認しておきますが、ここで表現している「明るくて気持ちのいい」状態というのは「誰が見ても」そう感じるレベル、つまり高い次元で徹底できている状態を指しています。

「まあこれくらいでいいんじゃないの」と個々人がそれぞれの主観のもとに妥協してやっているような中途半端なレベルではありません。

そもそもその程度であれば、思わず褒め言葉が口から出てくる状態にはならないのです。

「徹底する」意識を会社の全員で共有できていなければ実現できないレベルであり、そういった企業は決して多くはありません。

誰か1人ががんばっても、それは5Sではない

ここでもう1度質問ですが、皆さんが働いている会社はどんな状態でしょうか。

5Sの各要素

全員が「5Sは大切」という意識を持ち、
徹底することが重要

この本を手に取っていただいているということは、恐らく5Sに対する問題意識を持っているはずです。

それを前提に考えると、あまりよい状態ではないかもしれませんね。

「5Sを徹底したいのは山々だけどできない」

案外、多くの企業に共通する課題だと言えるでしょう。

私は、5Sの徹底を困難にしている**最大の障害は、「自分1人、あるいはごく少数のメンバーで取り組んだところで意味をなさない」こと**にあると考えています。

たとえば、オフィスの中で、「自分のデスクの上には何一つなく、袖の引出しは整理・整頓されており、何がどこにあるのかすぐにわかる」という状態をキープできているとしても、その周辺のメンバーのデスクが〝ひっちゃかめっちゃか〟に散らかっているような状態であれば、5Sが徹底されている会社だとは誰も思ってくれません。

そのような会社では、ややもすると、「デスクがいつも綺麗な○○さんは几帳面なんだね」という評価で、ごくごく当たり前のことをしているにも関わらず、そのほうが特別だといった扱われ方をされているような状況でしょう。

当然のことながら、**個人的に綺麗にしている人が少々いたところで、カバーできる範囲には限りがあります。**

誰もが一目見ただけで「綺麗ですね」と思わず言ってしまうレベルにまで高めて初めて、5Sが徹底されていると言えるわけで、そのレベルに到達するには、5Sに全員で取り組まなければならないのです。

整理、整頓、清掃、清潔、躾。冷静に考えてみれば、それほど難しいことではありません。「普段はあまり意識していないだけのことで、意識すればいつでもできますよ」と誰もが思うような、簡単なことのように感じるでしょう（だからこそ継続が難しいとも言えますが、それについては後々説明いたします）。

本章では、まず2つの成功事例を紹介します。

「5Sって思っているよりもすごい取り組みなんだ」という思いをぜひ共有してもらいたいと思います。

1

5SをベースにV字回復を次々実現！日本電産の再生術

永守社長が大切にする3Q6Sとは？

日本電産という会社をご存知でしょうか。

現在も代表取締役社長である永守重信氏によって、1973年に創業された精密小型モーターの製造を得意とする会社です。創業以来約40年間でグループ連結売上高を7092億7千万円（2013年3月期）の規模にまで拡大してきました。

ここまでの業績拡大を果たしてきた要因として挙げられるのが、早い段階（1社目は1984年）から戦略的に取り組んできたM&Aで、なんと**2013年までに37社もの企業（あるいは事業）をM&Aで獲得**しています。

M&Aで獲得するような会社は、経営的に厳しいところが多いにも関わらず、そのほとんどを見事に軌道修正させている永守社長の経営手腕、実に興味深いと思いませんか。

日本電産の3Q6S

3Q

- **Q**uality Worker（よい社員）
- **Q**uality Company（よい会社）
- **Q**uality Products（よい製品）

6S

5S
- **S** 整理
- **S** 整頓
- **S** 清掃
- **S** 清潔
- **S** 躾

＋

- **S** 作法

ここで最初に、日本電産を取り上げる理由は、その永守社長が大切にされている考え方の1つに**〝3Q6S〟**があるからです。

〝3Q〟とは、日本電産が目指す「Quality Worker（よい社員）」「Quality Company（よい会社）」「Quality Products（よい製品）」を意味し、この〝3Q〟を実現するために、整理・整頓・清掃・清潔・作法・躾の〝6S〟を実行するという考え方が込められています（5Sよりも1つSが多いですが、「作法」は永守社長が大切だとこだわっている部分だそうです）。

「5Sを徹底できる会社はすべからく儲かる」を証明する実践事例がここにある、と考えることができるのではないでしょうか。

ここでは、日本電産が2003年に経営権を獲得した三協精機製作所（現・日本電産サンキョー）再建の話を参考にしながら、5S（日本電産では6S）の取り組みについて整理してみたいと思います。

○……経営の危機から一転、過去最高の利益を計上

当時、まさに経営の危機に陥っていた三協精機。

大規模なリストラを実施したにも関わらず、2002年3月期の連結決算は売上高1095億4600万円（前年比19・1％ダウン）、経常損益47億900万円の赤字、最終損益77億7700万円の赤字で、同社の株式は無配に転落してしまいました。

キャッシュフローも火の車で現金が枯渇していたため、運転資金の融資枠を設定するなどの取引銀行を巻き込んだ立て直しを図るも、業績は好転しませんでした。

翌2003年3月期の連結決算は、売上高1054億8800万円（前年比3・7％ダウン）、**経常損益41億6200万円の赤字**、**最終損益は103億6800万円の赤字**で、最終損益の赤字幅が前年よりもさらに拡大するという状況に陥ったのです。

このような状況下で、日本電産は2003年8月、「人員削減はしない」、「三協ブラ

三協精機のV字回復

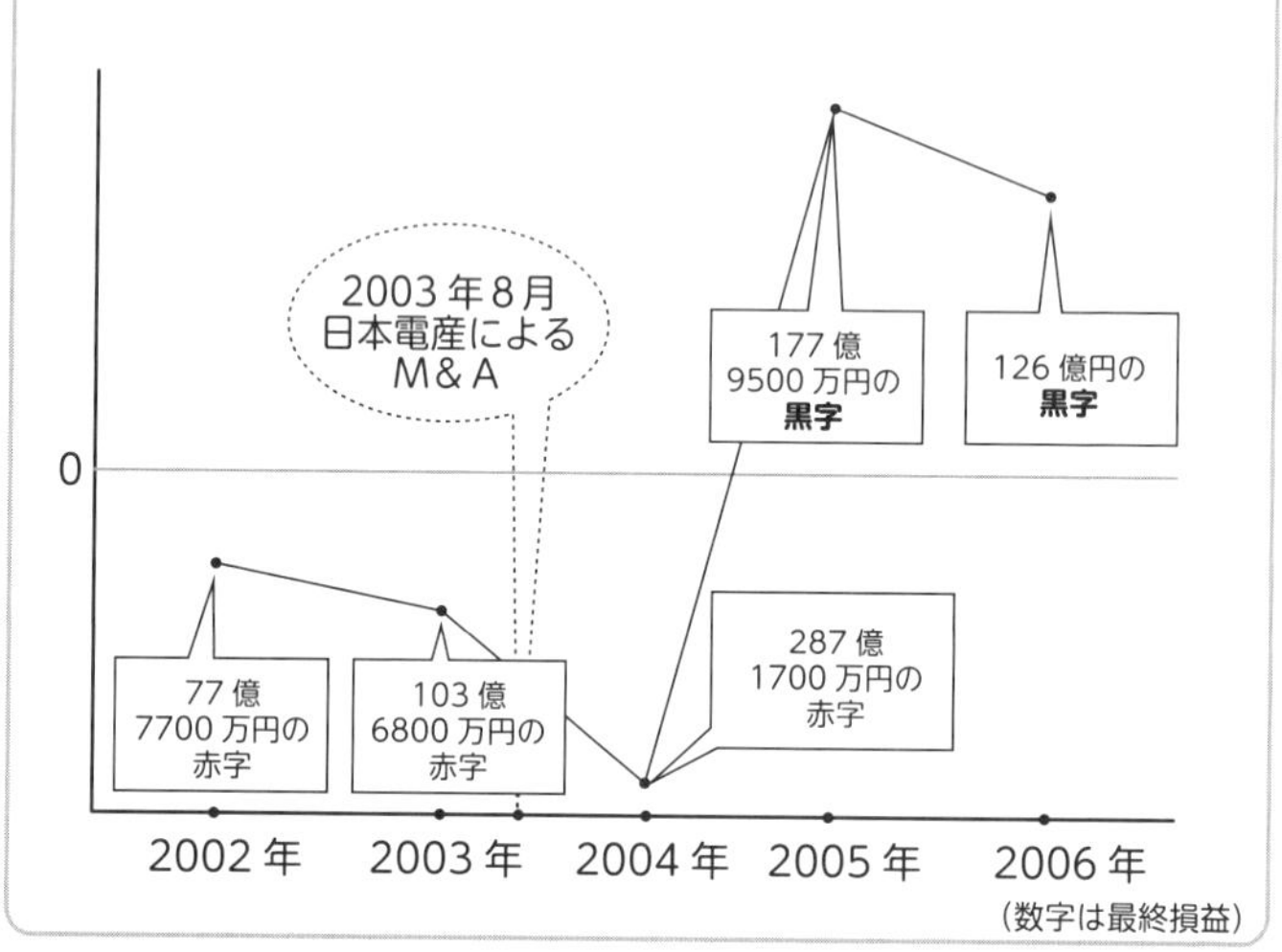

ンドを残す」、「これまでのM&Aと同様、あくまでも自主再建を支援する姿勢で臨む（役員の派遣は1〜2名程度）」といった条件で経営権を獲得しました。

驚くべきは、そこから**文字通りV字回復を実現した**ことにあります。

日本電産が経営に関わってからまだ1年半しか過ぎていない中、三協精機の2005年3月期の連結決算は売上高1223億円（前年比14・5%アップ）、営業利益103億5300万円（前年は46億6000万円の赤字）、経常利益112億4600万円（前年は65億2400万円の赤字）、**当期利益177億9500万円**（前年は

287億1700万円の赤字）となり、改善どころか、過去最高の利益を出すことができました。

さらに2006年3月期連結決算は、売上高こそ1219億9400万円と前年を0・3％下回る結果になったものの、営業利益121億5100万円（前年比17・4％アップ）、経常利益149億円（前年比32・5％アップ）と、経営が軌道に乗ったことを証明するような業績を達成したのです。

再建の鍵は3Q6S委員会

再建成功のポイントは、ズバリ〝3Q6S〟だと言っても過言ではないでしょう。そもそも日本電産グループの会社には、必ず「3Q6S委員会」という組織が存在しており、この委員会が手がける3Q6S活動が永守流経営改革の真髄であり、永続的な経営改善活動のための〝しかけ〟なのです。

この3Q6S委員会は事業所ごとに評価する体制を取っており、**100点満点の評価に対して、60点ならば事業は黒字、80点を超えれば最高益**になる、といった認識基準が確立しているそうです。

当然、三協精機もこの評価を受けることになるわけですが、三協精機内の３Ｑ６Ｓ担当者が「以前から工場を綺麗にする、お客さまが通るところは片づける、といったことはもちろんやってはいたものの、徹底度合いが全然違う」と感じるくらいのレベルです。

事実、**永守社長が最初に視察した際には5点という低評価**を下されてしまいました（ちなみに、１００点満点で5点というのは、ゴミ溜めレベルということのようです）。

工場は油が散り放題、切り子（金属の削りカス）が飛び放題、従業員の作業服は真っ黒。ねじなど、ものが落ちていても誰も拾わない。

お客さまがきても従業員は「いらっしゃいませ」も言わない。

守衛はだらだらしている。

この状況に永守社長はマイナス10点と言いたかったようですが、マイナスはよくないからゲタを履かせたといった状況だったのです。

徹底的な監査で社員の意識が変わり始めた！

その後、日本電産より正式に３Ｑ６Ｓの伝道師が監査にやってくるわけですが、更衣室は床に掃除機をかける程度でロッカーの上はホコリだらけ、トイレも含めて全部チェックをした結果が25点……。

要するに「全くダメ」という評価でした。

この監査をきっかけに、日本電産グループの「3Q6Sマニュアル」を教材にしながら、三協精機の3Q6S委員会に対する指導が始まりました。

まずは始業前の10分間は必ず各自の周りを清掃する、これを従業員だけではなく、トップ、役員も含めた全社的な活動にしました。

監査では、全ての窓枠を指でなぞって確かめるなど、徹底的にチェックされます。

ただぞうきんで表面をなでて終わりではなく、きちんと掃除をやらなければと認識した社員の掃除レベルは著しく向上していきました。

たとえば、でこぼこの曇りガラスを歯ブラシで磨く社員が出てきたり、ブラインドを1枚1枚磨きだす社員が出てきたり、という感じです。

10分間ではやり切れないところを掃除するために、毎週水曜日の終業後30分間、念入りに掃除することも始めました。

外部業者に委託していたトイレ掃除は、まず率先垂範で役員が始め、管理職以上の社員が週末に集まり、従業員に任せられるレベルまで綺麗にしました。

三協精機の3Q6S活動

自ら率先してやることで当事者意識が生まれ、
「大切に使おう」という思いやりの気持ちが生まれる

その後、管理職のトイレ掃除の習慣が整理整頓活動へと波及します。

各部署が大量に保管していたファイルを、決められた統一基準のもとに整理し、数十台のトラックを頼んで処分しました。

さらに、老朽化した本社や工場建屋の壁や柱のペンキ塗りにまで活動は広がり、平日の始業前の時間帯も活用されるようになりました。

従業員からは、「磨けば短時間で光る」「その効果が目に見えてわかる」といった声が出てきたそうですが、この達成感や、みんなで取り組むことによる成果を体感できるといったメリットは極めて大きいものだと思います。

また、トイレの便器を自分で掃除することで、その後は綺麗に使おうと当然思いますし、ほかのメンバーにもそうしてもらいたいと思うはずです。

つまり、真剣に取り組めば取り組むほど、「会社のものだから自分には関係ない」という状態から、「みんなのためにも綺麗に使おう、みんなのために大切にしよう」といった思いやりの気持ちが芽生える状態へと変わっていくわけですね。

6Sを業績にどう結びつけるのか

しかし、もっとも重要なのはここからです。

整理・整頓・清掃・清潔・作法・躾の6Sだけをやっていても、3Q6Sの点数は上がりません。

これらの活動を業績向上、つまり日本電産がグループとして重要課題に挙げている項目を達成するためにどのような活動をし、どう業績に結びつけるのかが重要な評価ポイントとなります。

三協精機において示された経営5大項目に、

①**品質：50ＰＰＭ以下（ＰＰＭ＝製品を１００万個生産した際に不良品が占める割合）**
②**材外費：最終売価の50％以下**
③**在庫：０・４ヵ月以下**
④**生産性：従業員１人当たり１００万円／月以上の付加価値高**
⑤**経費：１人当たり付加価値高の25％以下（売上１億円当たり５００万円以下）**

があり、まさしくこれが３Ｑを数値目標化したもので、６Ｓがこれらの項目に展開されていることこそが重要なのです。

このように活動の本質を体感しながら真摯《しんし》に取り組んだ三協精機の評価は、当初「5点」や「25点」だったものが、２００４年６月には50点を超え、２００４年12月には68点にまで高まっていきました。そして、**３Ｑ６Ｓ評価に連動するかのごとく、実際の業績もＶ字回復を果たした**わけです。

今回例に挙げた三協精機だけでなく、日本電産が取り組んできたＭ＆Ａは、経営的に厳しい状態だったところが多いようです。

やはり、どんな企業でも好調のときに自社を売却することは考えないでしょうから、必然的にそうならざるを得なかったということなのかもしれません。

しかし、三協精機の事例を見れば、経営が厳しくなった会社を立て直すに当たって、3Q6Sの果たしている役割はかなり大きいものであることに疑いの余地はありません。

一般的には**5Sと称されているこの活動を通じて、会社の業績向上という求める成果を出せることが証明されている**のです。

2

5Sで起死回生！システム販売会社A社のケース

深刻な業績悪化、社内の雰囲気は最悪

さて次に、中堅のシステム販売会社A社の事例を紹介しましょう。

ここは私が実際にコンサルティングに入らせていただいた企業で、5Sを取り入れて改革に成功したケースです。

読んでいただければ、5Sを導入する前の状態から導入後の状態まで、具体的にイメージできるかと思います。

A社は、売上高が約60億円、社員数が約250名の規模の会社です。

A社の取り扱うシステムはある業界に特化したものであり、端から見ると手堅くビジネスを展開している印象でした。

２００９年の5月頃、「営業部門を強化したいのでお手伝いをお願いできないものか」という相談があり、A社のオフィスに訪問したのが最初の出会いでした。

打ち合わせのため、オフィスの中を通り抜けた先にある会議室に通されたのですが、まずこの段階で大いに驚かされました。

来客である私に対して誰一人挨拶の声がなく、それどころか「この人誰？」という視線を向けて一瞥《いちべつ》するだけという感じです。

このような対応を受けて不快に思わない人は、まずいないだろうと確信できるぐらいのレベルです。

見渡してみると、机の上はどこも書類や雑誌が山積みされており、少し空いているスペースでパソコンを開いて作業しているような状況です。

しかも、約束通りの時間に訪問したのですが、会議室で20分ほど待たされてからようやく、相談の連絡をくださった営業部長が「すみません、ちょっと社長に呼びつけられていたもので」と一応の謝罪をしながら出てきました。

「オフィスを拝見しましたが、結構皆さん忙しそうにされているようですね」と話を差し向けると、営業部長は、「最近はそうでもないんですが、なかなか掃除したり片づけたりするまでの時間がなくて……散らかり放題で本当にお恥ずかしい限りです」と一応はオフィス環境を気にしているような話しぶりですが、表情を見ている限りでは実際それほど問題視しているようにも思えません。

これは電話で聞いていたよりも深刻な状況だろうと思いました。

実際、営業部長からは、「**急激な業績の悪化に陥って、ついに赤字転落してしまいそうなところまできてしまって**おり、その要因として、営業部門の受注力低下が社内でも大きな問題として取り上げられている」という話がありました。

確かに営業部門の強化は重要課題だと思いましたが、一方で、A社に入ってきたときの印象を振り返れば、営業部門強化のコンサルティングだけでは、業績向上には至らないのではないかと直感的に感じ取ったところがありました。

そこで、「もちろん営業強化のお手伝いは可能ですが、**社内のコミュニケーション改善といった課題にも着手しないと成果につながりにくい**と思うので、弊社にご依頼いただけるのであれば、ぜひ同時並行でやらせてもらいたい」という旨のお願いをしました。

そのような態勢で臨まなければ、きっと効果は出ないと思ったわけです。

A社の第一印象はそれほどひどいものでした。

1度断わられ、1年後に受け入れられた提案

とはいえ、やはり受け入れがたい提案だったのでしょう。数日後、営業部長から「今回は他社にお願いすることになったので」という丁重なお断りの電話がありました。

ところが、それから約1年経った頃、A社の営業部長から**「相談したいことがあるので、きてもらいたい」という久しぶりの連絡がありました。**

「少しは変わったのかな」と、1年前にA社を訪れたときのオフィスを思い出しながら到着してみると、まあ相も変わらずといった状況でしたし、やはり営業部長も時間通りには現れません。

営業部長が顔を見せると同時に、「業績、よくなってないみたいですね」と切り出してみると、

「お察しの通りです。営業を強化するという課題については、営業プロセスの見直し、チーム営業体制への転換、インセンティブ制度の導入、といったいくつかの打ち手を実行しているのですが、状況はなかなか好転しません。ついてはぜひ前回いただいた提案でお願いしたいのですが」

とのことです。

そこで、再び「営業強化に関してはもちろん着々と進めますが、早速、コミュニケーション改善にも手をつけましょう」と提案すると、今回はすぐに受け入れられ、まずは5Sから着手することに関しても反論を受けることなく承認されました。

組織の枠組みを大きく分類すると、営業部門、SE部門、管理部門の3つで、営業部長自身も問題視している組織間の「見えない壁」を切り崩すきっかけとして、5Sこそが最適なテーマだという話に乗ってもらえたのです。

「今の御社と取引したい会社はない」厳しいスタート

早速、5Sの展開に着手することになりました。

数名の社員に話を聞いて感じたのは、**「みんなで5Sに取り組みましょう」などと打ち出したところで、とても前向きにやってくれる状況ではない**ということです。

まず、社長と各部門の担当役員に集まってもらい、社員インタビューの状況を踏まえて、次のことを伝えました。

「御社は、皆さんが考えているよりも危機的な状況です。皆さんが消費者の立場で、ダメな店では決して買い物をしないように、御社のお客さまの立場で考えたときに、皆さんはこの自分の今いる会社と取引をしないのではないかと思いますが、いかがでしょうか」

「まあ答えづらい質問だと思いますので、私が答えますが、**私がお客さまだったら御社とは決して取引をすることはありません**」

「十分ご理解いただいていると思いますので、釈迦に説法かもしれませんが……。お客さまは単に商品やサービスだけを見て取引を決めているのではなく、どんな会社が、どんな人たちが、どんな思いを持って提供してくれる商品・サービスなのかまでを見ています」

「御社の変革の第一歩は経営陣である皆さんが踏み出してください。**皆さんが今まで通りのままで、まずは社員に変わって欲しいなどと思っているようなら、うまくいかないのは目に見えています。**もしそれに同意いただけないのであれば、私にコンサルティングを依頼すること自体を考え直したほうがいいと思います」

少々厳しい言い方になってしまいましたが、そのぐらいの危機感を持って臨まなければ、とても改善などおぼつかない状況だという認識をしていたわけです。

まずは社長と役員がせっせと掃除。社員は無視……

まずはできるところからということで、オフィスの整理・整頓・清掃を社長と役員が率先して始めることになりました。

毎日始業の1時間前に出社、それぞれのデスク周りから着手しました。

3日もやるとある程度の状態までは片づいてくるので、デスク周りが終わると共有の打合せスペース、会議室等へ活動範囲を広げていきます。

この段階では、まだまだ**ほかの社員は見て見ぬフリを決め込んでいる様子**でした。

ほとんどの社員は、自分の机すら片づけようとはしません。

約2週間が経過し、社長と役員の活動はついに収納スペースにまで辿り着きました。

部門ごとに割り当てられている収納スペースには、ファイリングされた書類の入った段ボール箱、各種書籍、CD－Rなどが乱雑に納められており、一見するだけでは何が何だか全くわからない状態です。

「まずはいらないものを捨てること」

「そして必要なものは何がどこにあるのかわかるようにすること」

「できれば、どのぐらいの頻度で必要になるのかに応じて保管場所を決めること」

以上のような段取りで進めることに合意はするものの、作業は一向に進みません。

なぜならば、**現場の社員でなければわからない資料が多く、社長と役員だけでは判断できない**からです。

「いよいよ社員の皆さんを巻き込まないと、これ以上は進まないようですね」と話しかけると、社長からはこんなコメントが返ってきました。

「せっかく始めたからにはトコトンやってみようと思っていましたが、やっぱり細かいところまではわかりませんね。とはいえ、我々の動きは何となくわかっているにも関わらず、自らは全く動く様子のない社員を見ると、どう巻き込めばいいのか、難しいところです……。つくづくこれまでのマネジメントで欠けていた部分を思い知らされた気がします」

ほかの役員も同様の思いがあったようです。

○社員を巻き込むプロジェクトチームが発足

そろそろ頃合いだと感じたので、プロジェクトチームを立ち上げることを提案しました。

「それぞれの部門の中堅および若手社員から3名程度希望者を募ってください。その際には、まだ5Sをやるとは言わないように。A社の方向性を定める未来創造プロジェクトのような曖昧なイメージでいいので、どのぐらい手が上がるか確認してみましょう」

当時の雰囲気では、5Sをやるなどと言っても希望者が出てくるとはとても思えなかったので、どちらかというと少しでも現状に危機感を抱いていて、変化の必要性を感じている社員の手が上がればよいと考えたわけです。

すると、3部門から合計20名の希望者が出てきました。

早速キックオフミーティングの準備に取りかかります。希望者は全員プロジェクトメンバーということに決定し、それぞれ役割分担して次のような映像の撮影に当たりました（ちなみにB社とC社は私が以前お手伝いをさせていただいた会社です）。

- ・5Sが徹底されているベンチマーク企業B社のオフィスを撮影したビデオ映像
- ・B社の来客対応を撮影したビデオ映像
- ・B社の取引先にインタビューしたビデオ映像
- ・B社との比較に活用するA社の現状を撮影したビデオ映像
- ・オートバイ販売店C社の5S取組事例のビフォー・アフター

○危機感の共有後、いざ本格的に5Sがスタート

後日、社長、役員、プロジェクトメンバーが集まって開催したキックオフミーティングには、B社とC社の社長にもお願いして経験談を話してもらいました。

A社のメンバーは、その話にも大変感銘を受けていましたが、何よりも衝撃的だったのは、B社と比較した自社の現状を撮影した映像だったようです。

「何とかA社のダメさ加減を自ら気づいてもらいたい」という思いがあり、撮影をお願いしていたのですが、これが効果覿面《てきめん》でした。

「B社、C社と比較したからなのかもしれませんが、自社がこんなにひどい、レベルの低い会社だとは思わなかった」というのがほぼ全員の感想です。

よく「お客さまの立場に立って考え、行動しよう」と言われますが、そうは言っても自分の態度や振る舞いは自分ではわからないものです。

映像は、「自らを客観視する視点を鍛える」という意味において、非常に優れたツールであることを改めて実感しました。

このキックオフミーティング後、メンバーは〝整理・整頓チーム〟、〝清掃チーム〟、〝コ

A社の５Ｓ実践フロー

社長と各部門の担当役員でミーティング
危機感を持ってもらう

↓

社長と役員でオフィスの整理・整頓・清掃。
毎朝始業１時間前に出社し、デスク周りからスタート

↓ ２週間後……

社内でプロジェクトチーム立ち上げ。
希望者を募り、映像撮影

↓

キックオフミーティングで
現状認識と役割分担を決める

↓

プロジェクトメンバーが
１時間早く出社し、５Ｓを推進

↓ ６ヵ月後……

部門間のコミュニケーションが劇的によくなり、
営業成績も並行して好転!!

ミュニケーションチーム〟に分かれて活動を開始しました。もちろん、社長と役員もいずれかのチームに配置されています。

各チームリーダーは、強制しても意味がないという意見でまとまり、まずはプロジェクトメンバーが1時間早く出社してスタートを切ることになりました。

整理・整頓チームは、懸案の収納スペースに取りかかり、その過程の中でプロジェクトメンバー以外の社員にも「これは捨ててもいいかな」と**積極的に声をかけながら、自然に巻き込んでいく流れをつくりました。**

清掃チームは、掃除のプロフェッショナルである専門業者に応接室の掃除を依頼、その様子を観察することであるべき清掃のレベルを決めて、オフィス内全てを順次磨き上げていきました。

もちろん、「朝の清掃は気分もよくなるし、1日のスタートに絶好の取り組みだから一緒にやろうよ」と仲間を増やす努力も続けています。

コミュニケーションチームは、社内の挨拶や来客対応の品質向上を目指して、手書きのポスターで全社員への徹底を図りました。偶然にもマンガの上手な社員がいて、人目を引く面白いポスターをつくろうという話になったのです。

それだけにとどまらず、「整理・整頓の目指すべき姿」「清掃の目指すべき姿」、と現在の進捗状況までもポスターとして貼り出し、5S活動全体のゴールと現状を目に見える形にしてしまいました。

◯………６ヵ月後には社内の雰囲気も一変、業績も大幅に改善！

文章にするとアッという間に改善が進んでいるような印象を受けるかもしれませんが、営業部長から正式な依頼の連絡をもらってからここまでで、約6ヵ月が経過しています。「わずか6ヵ月で」と感じる方もいれば、「6ヵ月もかかるのか」と感じる方もいるでしょう。しかし、**ビフォー・アフターを傍で見ていた私にとっては、かかった時間よりもその変化こそが驚き**でした。

その理由を説明しましょう。

この6ヵ月の間に、営業強化のコンサルティングも、同時並行で着々と進めていました。まずは営業部門から着手しましたが、途中でSE部門を、最終段階では管理部門までも巻き込んで、営業活動の流れを大きく変えたことは確かです。

ただし、長く低迷していた営業成績はなかなか好転しませんでした。

好転したのは、5S活動が少し軌道に乗り始めた頃とほぼ同時期であり、この時期から3部門のコミュニケーションも劇的によくなっていったのです。

「何をやるか」も大切なことに変わりはありませんが、「どんな（心や組織の）状態でやるか」も同様に大切であることを改めて思い知らされたのです。

地に落ちたような（心や組織の）状態を変えることは決して簡単ではないことを経験的に理解しているからこそ、A社の変化は嬉しい驚きでした。

それからしばらくしてA社を訪れてみると、オフィスは完全にフリーアドレスになっていました。

既存のお客さま、あるいは営業案件の状況を考慮しながら、コミュニケーションを取るべきメンバーがその都度集まって仕事ができるようにしたそうです。

私がコンサルティングに入ってすぐに提案したフリーアドレスに対して、強硬に反論を唱えていたSE部門の課長が得意顔で説明する様子に、苦笑いは隠せませんでしたが、とてもよい取り組みです。

60億円前後で頭打ちだった売上高も現在は80億円に迫る勢いになっており、間もなく作成に取りかかる中期経営計画では100億円を目標にしたいと言う社長の目も輝きを増していました。

「5Sを徹底できる会社はすべからく儲かる」

5Sすら徹底できない会社が、5Sよりも困難な仕事面において変化を起こせるはずがないわけで、だからこそ5Sを実践できる会社は儲かるのです。

A社が実践した「変化は自ら起こしていく」ことに、多くの会社がチャレンジして、「5Sを徹底できる会社はすべからく儲かる」を実現してもらいたいと思います。

第1章
「５Ｓの徹底で会社は儲かる！」の
ポイント

□ 一目見て「明るくて気持ちのいいオフィス」と思う会社は、えてして儲かっている

□ 簡単に見えるからこそ、５Ｓは実践が難しい。全社を挙げて取り組む必要がある

□ ５Ｓが企業を再生させる全てではないが、社員の意識改革、職場環境の一新など、もたらす効果は計り知れない

□ 会社を変えようと思ったら、まずトップの意識を変える必要がある。厳しい現状認識が欠かせない

□ 実践するのも、トップからが鉄則。そのあと、社員を巻き込んで活動を徐々に広げていく

□ ５Ｓ活動が広がるにつれ、自然と部署間のコミュニケーションは増え、実績も比例して上がっていく。５Ｓは、会社が変わる素地をつくってくれる

第２章

なぜ５Ｓが継続できないのか？

５Ｓを導入するとなったとき、社内で反対する声はあまり聞かれません。しかし、いざ実行となると、１ヵ月、２ヵ月と経つうちに、いつの間にやら……というところが大多数です。

みんなが「いい取り組みだ」と評価し、なおかつ取り立てて難しいこともない５Ｓが、続かないのはなぜなのでしょうか。その理由を探っていきましょう。

たかが5S、なのにできない

いつの間にかやらなくなる、が大多数

第1章では、5Sのメリットばかりをお伝えしてきました。

しかし、正直なところとしては、「5Sが大切なことだとは十分認識しているのだけれど、なかなか徹底できる状態にまでたどり着かない」という悩みを抱えているリーダーが多いことも事実です。

ただ、私にしてみれば、これは極めて不思議な現象です。

私がコンサルティングの現場、講演など、数多くの場面で「5Sに取り組みましょう」という話をした際に、**「5Sなどやっても意味がない」という異論や反論をいただくことは全くと言ってもいいほどありません。**

つまり、ほとんどの方に「5Sに取り組んだほうがいい」という話にはご賛同いただ

いていると考えられます。

それにも関わらず、いざ5Sに取り組み始めると、どうでしょう。

まさに〝三日坊主〟という言葉通りに、**取り組み自体が時間の経過とともに雲散霧消していき、いつの間にか誰も5Sという言葉すら発しなくなってしまう**事例が散見されるのです。

これは、決して少数のダメな組織を指している話ではありません。

正確な数字を把握しているわけではないので、あくまでも経験則になりますが、どちらかというと継続できない組織のほうが多数派なのではないかと感じます。

原因は組織特有のウイルスにあり

とはいえ、誤解を恐れずに言ってしまえば、たかが5S（整理、整頓、清掃、清潔、躾）の話です。

あえて「たかが」という表現を使いましたが、要するに、**実行することが難しくとても継続することができない、といった類いのものではない**ということです。

そう考えると、このたかが5Sを徹底できない組織が意外にも多いのは、組織特有の

いいと思っていることが続かない!?

ほかの会社で うまくいってるのか、 やってみよう！
最近流行の 経営手法、 試してみるか
3ヵ月後…
ウチには 合わない みたいだ
いつも 続かないなー

いつもこの調子なら、組織をダメにするウイルスがはびこっている可能性あり？

要因があると考えるほうが理に適っているのかもしれません。

思い返してみると、5Sに限らずともよく耳にするコメントがあります。

「ウチの会社は、**ほかの会社でうまくいってる活動だと聞くと、早速自社でもやってみようと飛びつくんだけど、どれもこれも全く続かないんだよね**」

「最近流行の経営手法、考え方がすごく斬新だということで導入に踏み切ったんだけど、**ちょっとウチの会社には合わないみたいだな**」

よかれと思って始めた新たな取り組みが「続かない」、「ウチの会社には合わない」、と頓挫してしまう状況は、まさしく5Sにも通じるところがありますね。

このように、新しい取り組みになかなか馴染むことができないのは、多くの組織が知らず知らずのうちに感染してしまっているウイルスのようなものがあるのではないかと、あるときから思うようになりました。

取り組みが進む・進まないの違いはどこに？

それには、次のような理由があります。

日本でもM&Aが盛んになってきた時期に合わせて、企業再生や組織変革といったテーマのコンサルティングがかなり増えました。

そういったテーマでお呼びいただく企業の状況は、**少し間違えばたちまち倒産してしまうほどに悪化している**ことも少なくありません。

よって、そのような状況下にある企業で働いている社員の皆さんは、もちろん高い危機意識を持っています。

「何とか会社がいい方向に向かって欲しい」、「そのために自分ができることがあれば、積極的に取り組むことで会社に貢献したい」、個々人と話をすると、多くの方がそんな思いを抱いているのです。

だからこそ、スタートの段階では、「必ず再生できる」、「きっと変われる」というイメージを持ちながら改革に着手していきます。

ところが、どうでしょう。

現状を打破するために実行しようと決定した新しい取り組みの中には、もちろん順調に進むものもありますが、**一方でほとんど進まないものも出てきます。**しかも困ったことに、進まない取り組みのほうが、より重要度の高い取り組みとして位置づけられているものであることが圧倒的に多いのです。

そして、この進まない取り組みには共通する特徴があります。

それは、「今までの仕事のやり方とは異なるやり方をしなければならない」ような取り組みです。

担当顧客を手放せない営業マン

1つ事例を紹介しましょう。

再生案件としてコンサルティングに携わった中堅の食品卸D社は、営業マン1人当たりの生産性を平均で1・2倍に高めなければ、なかなか営業利益を出すのが難しい状況でした。

コンサルティングに入る以前に、コスト削減として考えられるあらゆる打ち手を講じてきており、**もはや売上を上げる以外に手はない**、というイメージです。

ほとんどの営業マンは、月間の取引額が決して大きくない小規模な顧客を数多く抱えていました。営業マンは、受注活動はもちろん、納品、集金といった一連の役割を全て担っており、取引額の多寡に関わらず全ての取引先に同様のサービスレベルを提供していたため、結果として非効率な活動に陥っていたわけです。

そこで、一定以上の取引規模が見込めない顧客に関しては、営業マンの担当先から外す流れを推進することになりました。

受注業務に関しては事務担当が電話フォロー等でカバー、納品や集金に関しては、専任のアルバイトや外部業者へ移管など、現場の従業員にとってはかなり大きな変化です。

狙いは、営業マンが受注のために顧客と接触する時間を確保し、インストアシェア（取引先内での自社製品の取扱金額）を向上させることであり、これらの**一連の取り組みが営業利益の増加につながることを誰もが理解していました。**

つまり、総論では誰からも異論の出ない取り組みだったのです。

ところが、いざ具体的に行動に移そうとするとなかなか前に進みません。

「この顧客は自分が面倒を見ないと取引がなくなる可能性がある」という理屈で、自らが担当し続けようとする営業マン。

営業マンの立場で考えると、たとえ取引額が小さくても、自分の営業成績に上積みされてきたものです。

よって、**自分の担当顧客を手放せば手放すほど、（すでに見込んでいた）数字がいったんなくなってしまう**ことになり、それは避けたいという意識が、本来の目的とは異なる行動へと向かわせることになります。

事務担当も同様です。

「今までやってきた業務をこなすだけでも手一杯なのに、電話フォローとはいえ**新たな負担が多くなってしまうととても手が回らない**」という意識が先に立ってしまい、担当する顧客を最小限にとどめておこうという行動になってしまうのです。

結果はどうなるでしょう。

当然、推進しようとした取り組みは中途半端なものになってしまい、狙っていた成果は望むべくもありません。

このD社のケースでは、再生案件ということもあり、そういった状況を早期に把握し、全国の営業拠点を回りながら、「移管すべき顧客が着実に移管されているか」を細部までチェックし、半年近くの期間はかかりながらも、強引に推し進めました。

真犯人は、〝形状記憶ウイルス〟

しかし、ここまで財務的に追い詰められていない通常の状態の企業の場合、同じようにはいかない可能性が極めて高いのではないかと思うのです。

このことを肝に銘じておくためにも、先ほど「ウイルスのようなものが」という表現をしましたが、総論賛成の新しい取り組みが、各論に落とし込む中でもとの木阿弥に戻ってしまうことを、**〝形状記憶ウイルス〟**と呼ぶことにしています。

形状記憶ウイルスはどんな組織にも潜んでおり、5Sが徹底されにくいのも、まさにこのウイルスが原因になっていると思わざるを得ない場面に遭遇します。

よって、本章では、5Sという総論賛成の新しい取り組みに対し、この形状記憶ウイルスが発症してしまう理由を、深堀りしていきたいと思います。

1

成果に反映されるまで時間がかかる

○……ついお金になる業務を優先しがち

さて、「5Sを徹底できている会社はすべからく儲かる」というのが本書の主張です。すでに第1章を読んでいただいた皆さんであれば、ある程度は理解していただいていることかと思います。

ところが一方で、**「5Sを徹底できない会社は儲からない」という理屈は、一見すると当てはまりそうな気がするものの、必ずしもそうではない**と考える方々のほうが多いのではないでしょうか。

実際、5Sが徹底できている会社と比較すると、ごくごく一般的なレベルしかできていない会社であっても、利益を上げている会社はたくさんあります。

世に出てくる会社のほとんどが、ほんのわずかな期間で倒産してしまっているという環境下で、生き残っている会社には当然理由があり、1番大きな理由としては、利益を上げるビジネスモデルがあるかどうか、にあるでしょう。

もちろん、得られる利益の大小はありますが、いずれにせよ利益を上げられるビジネスモデルであることは確かです。

つまり、利益を出している会社であれば、そのビジネスモデルの一端を担う業務こそが、利益につながる業務だということです。

オフィスで5Sは効果があるのか？

そう考えたときに、5Sがビジネスモデルの一端を担う業務として意識されているのは、工場、あるいは一般消費者が来店する店舗、といった職場環境に当てはまりそうです。**工場や店舗といった職場における5Sは、ビジネスモデルというよりも最早ビジネスを行なう上での大前提という意識**が定着しています（とはいえ、実行段階におけるレベルの差は当然ありますが）。

しかし、オフィス業務という職場環境になると5Sへの意識は大きく異なります。

なぜならば、工場や店舗といった職場と比較すると、5Sを徹底することが利益につながるというイメージが持ちづらい業務がほとんどですし、そもそも大前提だと言ったところで、その必然性も考えづらいというのが実態だと思います。

基本中の基本である整理・整頓を例に考えてみましょう。

まず、整理とは「不要なものを捨てること」です。

「不要なものを捨てると儲かる」と直接的につながればいいのですが、それはかなり無理がある話ですね。

不要なものを捨てることで不要なものが占めていたスペースが空き、ちょっとオフィスが広くなる、ただそれだけの話です。

仮に、結果として、賃貸で借りているフロアが1つ不要になるくらいのインパクトがあれば、コスト削減＝儲かるという図式にはなりますが、あくまでも理屈上の話であり、現実的には無理があると言わざるを得ません。

次の整頓とは、定物定置、つまり「決められた場所に決められたものがある」状態を維持することです。

５Ｓは本当に儲かる？

工場・店舗

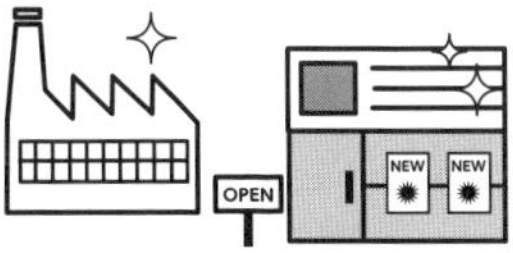

・店舗であれば、お客さんの目に触れるところは必ず綺麗にしておくべき
・必要なものがすぐ見つかれば、無駄が省ける＝生産物が増える

↓

５Ｓは利益に直結する！

オフィス

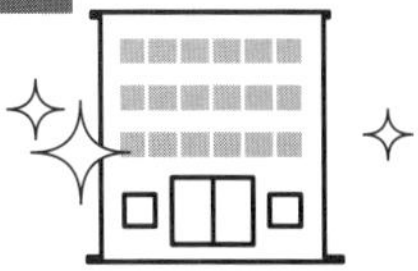

・整理して不要なものが減ると、多少広くなる
・必要なものがすぐ見つかれば、仕事はしやすくなるが、格段の効率化は……？

↓

５Ｓ＝利益につながる、と思えない
＆
もっと優先すべき仕事がある

オフィスにおいては利益に直結するイメージが持てないからこそ、取り組んでもなかなか続かない

必要なものを使うときに、それがどこにあるのかがわかる状態になっているため、探しものをする無駄な時間が省略できます。

たとえば工場のラインやファストフードの厨房等の業務であれば、わずかな時間でも無駄な時間を削減できれば、次の工程に早く取りかかれ、結果としてアウトプット（製品や商品）が増える、つまりダイレクトに儲かるイメージにつながりますよね。

ところが、一般的なオフィス業務においてはどうでしょう。

省略できた時間を、利益につながるような業務に振り向ければよいという理屈は理解できるものの、やはり**明確に利益につながるイメージは持ちづらい**ものですね。

5Sは利益に直結しない＝優先順位が低くなる

そもそも5Sは、業務における大前提だと考えられているような工場・店舗といった職場でさえ、徹底できていないところも多々見受けられるのが実態です。

整理、整頓に限らず、清掃、清潔、躾、いずれにしても、それが直接的な利益につながるような活動とは言い難いのが現実です。

どう考えてみても、ビジネスモデルの一端を担っている、つまり**通常行なっている業務のほうが優先順位の高い業務であり、5Sにはそこまでの価値を見出せない、これが普通の認識になってしまう**わけです。

そのように考えると、成果を出したいと真面目に考えている従業員が多ければ多いほど、「成果に直結する仕事をしよう」ということになるのかもしれません。

本来、ビジネスにおいて成果を出すことは決して単純ではありません。

「これをやれば必ず成果が出る」「これをやればすぐに成果が出る」といったうまい話などないことも誰もがわかっていることです。

ところが、5Sに限らずとも、「これをやるとよさそうだ」という総論賛成の新しい取り組みに対しては、大きな期待を抱いてしまいたくなるのです。

成果がすぐに表れないと、この期待は「やっぱりそんな簡単にはいかない」という失望めいた思いに変わりやすいものです。

ここに、**〝形状記憶ウイルス〟がはびこる余地が出てきてしまい、結果として5S活動が雲散霧消してしまう**という残念な事態を引き起こすのです。

2 会社内の温度差が5Sを阻む

○全社員で実行してこそ意味がある

5Sが直接会社の利益に結びつくイメージができないからこそ、続かない。これが1番大きな理由ではありますが、加えて、組織全体を挙げて取り組まなければ、大きな効果を得られないことも5Sを妨げる大きな壁です。

「今日から5Sを始めよう！」と声をかけて、一部の気がきく人たちだけが実行したところで、何の意味もありません。

もともと親から厳しく躾けられて育った人は、「5S活動」などとわざわざ言われなくても、当たり前に実行できる素養を持っているものです。

そのような人は、5Sに関する指示が特にないような環境下であっても、自分の身の回りに関しては整理・整頓します。

ただ、そうなってくると、自分から進んで掃除できるか、自分の周囲を綺麗に保てるか、ということになり、もはや組織のパフォーマンス向上とは関係のない話になってしまいます。

5S活動の対象は、当然、オフィスの職場環境全体でなければなりませんし、実行するのはそこで仕事をしている全員でなければなりません。

○……気がきく人が損をする!?

ここが極めて難しい点でもあります。

なぜならば、言葉としての5S（整理・整頓・清掃・清潔・躾）は、普通に教育を受けてきた日本人であれば誰でも理解できますが、**実行段階における善し悪しの判断基準は、個々人で大きく異なる**からです。

たとえば、デスクで缶ジュースを飲みながら仕事をしていると、デスクに缶を置いた跡の水滴が残ることは誰にでもわかっています。

しかしながら、その対応方法は人によって様々です。

目についた水滴の跡をすぐに拭き取る人もいれば、そもそもそれ自体を防ぐために

個人間の温度差が５Ｓを妨げる
SODA
損してる！
何で私だけ？
全員が同じ意識でもって５Ｓに取り組めるよう、
評価制度を整える必要がある

コースターを用意する人もいます。

あるいは全く気にならないか、気にはなるけど平気でいられるのかはわかりませんが、何も対処しない人もいるわけです。

この判断基準の違いは、いわゆる**気がきくタイプの人に、より大きなストレスがかかってしまいます。**

「５Ｓ活動を全員でやろう」というかけ声でスタートするものの、自分が気になるところを全く気にしない人もいるわけですから。

真面目に取り組もうと思えば思うほど、自分がやる作業は自ずと増えていき、気にしない部類の人が何もしないのが目につくようになってしまいます。

しかも、気にしない部類の人は、普段の行

動も気がきかないものです。

「あとで掃除することになるんだから、なぜその都度片づけられないの?」

「なぜ、使ったものをもとに戻さずに、そのまま放置しておけるの?」

そんな突っ込みを入れたくなるような場面に、多々出くわすことになります。

評価制度に5Sを組み込み、ウイルスを予防しよう

そもそも、組織における個々人の評価を、5Sの取り組み度合いによって行なうケースは決して多くはありません。

ましてや、「これから5Sを徹底しよう」と始めたばかりの組織であれば、まだ手探りの段階であることから、評価にまで反映されるのは稀でしょう。

だから、**気がきく人たちは、だんだん馬鹿馬鹿しくなってしまい「自分だけやっても損だ」と思うようになってしまいます。**

このように、「向こうは得してる」、「こちらは損してる」といった損得が表面化してしまうような段階になると、〝形状記憶ウイルス〟にかかりやすくなっています。

損得にストレスを感じるくらいなら、何もやらずに何も感じていなかった以前のほう

がまだマシだということで、もとに戻ってしまうわけです。

一口に評価と言っても、正式な評価制度のもとで行なわれる評価だけではなく、普段の行動を褒め称えるような評価もあり、そのほうがよほど効果的なケースも多々あります。

そういったコミュニケーション上の評価にまで気が回っていれば、ウイルスに侵されるリスクも減少するはずなのですが、**そもそも気がきかない人が放置されているような組織に対して、「気が回らない」と指摘するのも酷な話**かもしれません。

しかし、このようなことで5S活動が頓挫してしまうのだとしたら、それは非常にもったいないと思いませんか。

3 手段の目的化による〝やらされ感〟

イヤイヤやっても効果は上がらない

5S活動でもっともあってはならない、というよりもその状態で続けても意味がないと言ったほうがいいのが、取り組んでいる現場に〝やらされ感〟が漂ってしまって、誰もがイヤイヤやっているような状況です。

ここで言う〝やらされ感〟とは、「何のためにやっているのかわからない」、「こんなことをやっても意味がない」という思いを持ちながらも仕方なくやっている状態で、要するに**やる気を持って前向きに取り組んでいない**、ということです。

〝手段の目的化〟という言葉をよく耳にされると思いますが、〝やらされ感〟が蔓延《まんえん》する組織では確実に〝手段の目的化〟が起こっています。

特に、「5Sを徹底できる会社はすべからく儲かる」という主張をそのまま鵜呑みにして、「5Sは、きっと利益につながる活動のはずだから、ぜひ取り組もう」といった打ち出し方で拙速に始めてしまうと、〝手段の目的化〟を引き起こしてしまう可能性が高いでしょう。

なぜならば、本章の1項でも触れましたが、5S活動そのものがダイレクトに利益につながるというイメージは、頭ではなんとなく理解できても、実感を伴わないからです。

本来の目的を忘れてしまうと、やらされ感が漂い出す

選択した手段で目的に近づきそうなイメージが持てない場合、（決して5Sに限った話ではないですが）〝手段の目的化〟に陥ってしまいがちです。

たとえば、営業日報や業務日報のようなレポートがうまく運用されていないケースを考えてみましょう。

日報の本来の目的は何でしょうか。

1日のやるべきことを、事前にスケジュールに落とし込む過程の中で、優先順位を確認しながら特に重要な業務を滞りなく進めるという目的がありますね。

また、1日の業務が終了した際には、予定通り進んでいるもの、遅れているものを明

確にしてその対応を考えることも目的だと言えるでしょう。

営業日報であれば、クライアント別の営業進捗状況、受注の成功事例や失注の失敗事例を報告し、メンバー間で共有することも大切な目的の1つです。

3つほど挙げてみましたが、いずれの目的についても**誰もが重要だと考えるもの**ではないでしょうか。

ところが、うまく運用されていない組織の日報を見ると、「予定と実施したことのみが記入されており状況がわからない」、運用に関しては「日報の提出率が低い」、結果、「多くの社員は、日報など意味がないと考えている」といった状況に陥ってしまっています。

つまり「日報を書かされている」という認識、〝やらされ感〟があるというわけですね。

必要だとわかっていても、できないのが人間

なぜ、このような状況に陥ってしまうのでしょうか?

「日報を書く」ことは、目的を達成するための手段であり、当初は誰もが「やるべきこと」だと合意しています。

それにも関わらず、時間の経過とともに、いつしか「日報を書く」ことが目的と化し

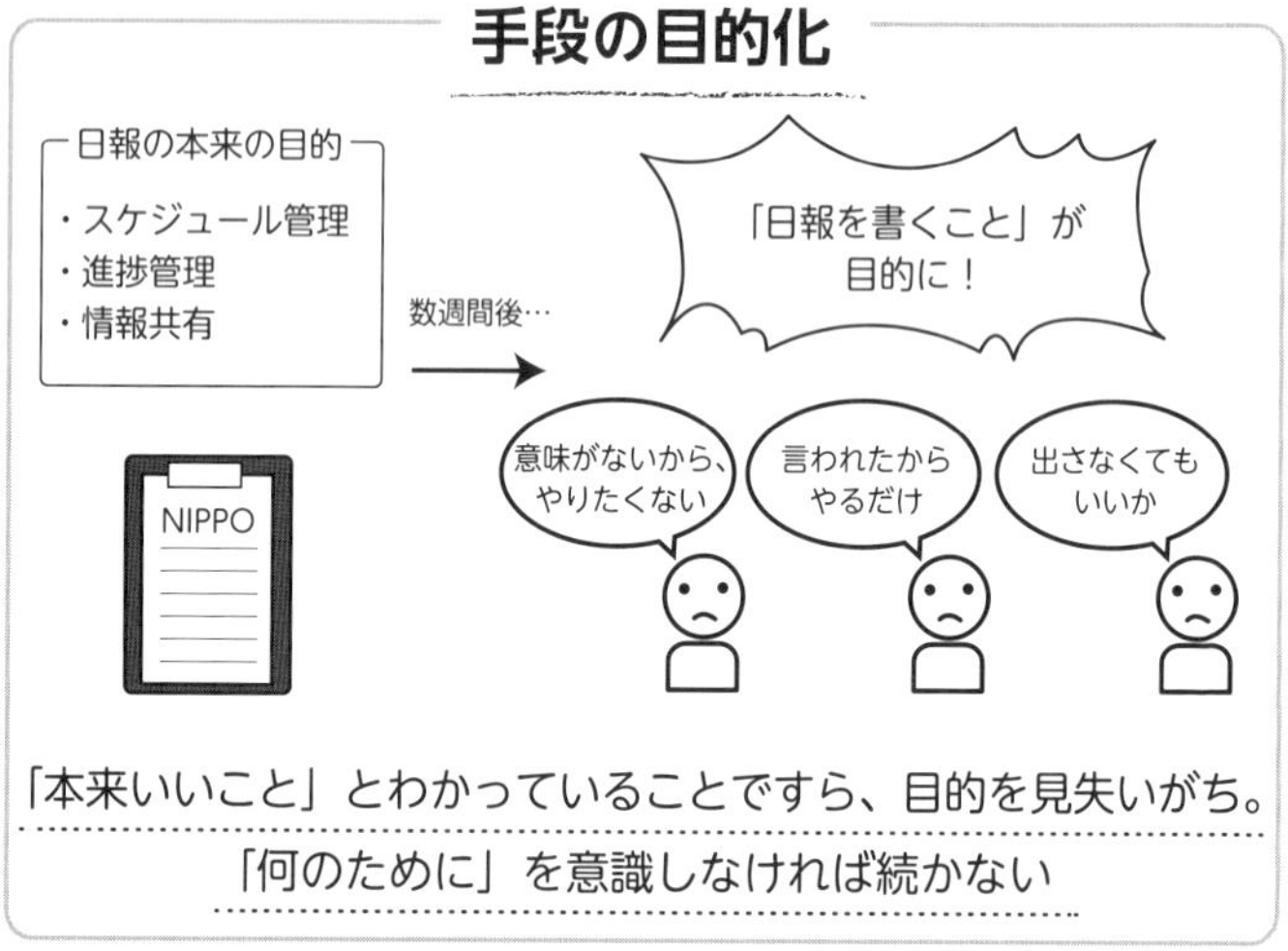
手段の目的化
日報の本来の目的
・スケジュール管理
・進捗管理
・情報共有
数週間後…
「日報を書くこと」が
目的に！
意味がないから、
やりたくない
言われたから
やるだけ
出さなくても
いいか
NIPPO
「本来いいこと」とわかっていることですら、目的を見失いがち。
「何のために」を意識しなければ続かない

てしまうのです。

書くことが目的になってしまった結果、「意味のない日報を書く」習慣がついてしまい、それを続けるうちに、「日報など意味がないけど業務命令だから仕方なく書く（書かされている）」、あるいは「意味がないから提出もしない」、という悪循環に陥ります。

意味のないものにしてしまっているのは自分自身であるにも関わらず、そこには気づくことができずに会社や上司の責任だと考えてしまう、これも〝形状記憶ウイルス〟発症につながりやすい状態です。

この日報のケースは、「5Sを徹底すれば儲かる」と比較すると、よほどその必要性をイメージしやすい目的が設定されているにも関わらず、〝手段の目的化〟が起きてしまうというのが、実に興味深いところですね。

一見、全く異なる部類の取り組みだと感じるかもしれませんが、「５Ｓを徹底すれば儲かる」、「日報でスケジュール管理や情報共有をする」、いずれにも共通するポイントがあります。

それは、目的を達成するための手段はほかにも色々あるということです。

そして**人は、もっとも効果的で、もっとも簡単に目的を達成する手段を選択する**ものです。決して「それが悪い」ということではなく、当然そうなるという話です。

日報で言えば、スケジュール管理は、普段から慣れ親しんでいる自分の手帳、あるいはスマホ等のツールのほうが使いやすいでしょうし、情報共有は会議やミーティングの場で直接話をするほうが手っ取り早いと考える人も多いでしょう。

このように、組織全体のパフォーマンスを向上させるための取り組みとして定着させたかったものであるにも関わらず、いつしか個々人の都合が優先されてしまうことで滞ってしまうのも、〝形状記憶ウイルス〟の発症例です。

4 みんながいいね！ と言うことこそ続かない

○やり始めてから対処しても「時すでに遅し」

以上のように、〝形状記憶ウイルス〟は、組織のちょっとした隙をついて、新しい取り組みが推進されることを邪魔します。

「やってるけど、成果につながらない」

「誰もやっていない（レベルが低い）から馬鹿馬鹿しい」

「こんなことやっても意味がない」

もう1度、1つひとつの事例を振り返ってみると、十分認識していただけることだと思いますが、どんな組織であっても普通に起こり得る話です。

そして、**このウイルスの怖いところは、症状が出てしまってから対処をしようとしても、なかなか完治に至らない**ことにあります。

５Ｓを始めるときの注意点

- □ 実行する上で障害になりそうなことは事前に洗い出しておく
- □ 障害に対する対応策を準備する
- □ 容易に賛成が得られるからこそ、〝形状記憶ウイルス〟にかかりやすいことを心しておく

よって、大切なのは、そもそも発症させないという考え方のもとに進めることです。

新しい取り組みを開始する前に、**この取り組みを推進することを阻む障害があるとしたら、それはどんな障害なのかを全て洗い出した上で、それらの障害を克服する対応策をあらかじめ考えておかなければなりません。**

もし組織に導入したいと考えた新しい取り組みが、賛否両論飛び交うことが予想されるようなものであれば、提案する担当者は、「どうやってこの提案を通そうか」ということにきっと頭を使うことでしょう。

さらには、賛否両論が飛び交うような提案だからこそ、提案が通った後の実行難易度も当然高いと考えて、円滑に推進する方法を事前に考え抜いた上で臨んでいるのではないでしょうか。

このようなスタンスが、難しい提案を通すときだけに限

らず、**新しい取り組みに関しては全て必要だと考えるべき**なのです。

特に5S活動に関しては、前にも述べているように、そもそも総論としては反対されにくいものです。いざやりましょうという提案を出したあとに、「そんなことをやる必要はない」といった話になるケースは少ないと思われます。

ということは、容易に提案が受け入れられてしまっていることこそが、活動を開始したあと、〝形状記憶ウイルス〟によってもとの木阿弥になってしまう大きな要因なのかもしれません。

たとえ、すんなり通った提案であっても、頓挫してしまうリスクに対応しながら継続させるための工夫が必要だということですね。

ひとまず近いところに目的を定める

本章では、「なぜ5Sが徹底できないのか」をテーマに掲げ、主な要因である以下の3つを取り上げながら説明してきました。

「本当に儲かるのか、実感が得られない」
「実践レベルの差から出る損得勘定によるモチベーション低下」

「手段の目的化から生じる〝やらされ感〟」

よく考えてみると、いずれの例を取ってみても、**「当初定めていた目的をいつしか見失ってしまう」ことが、問題の根底にある**ような気がします。

「5Sを徹底すれば、すべからく儲かる」はイメージとして合意できるかもしれないけれども、「5S＝儲かる」になるとロジックとしては少し遠い、その遠さを埋めきれていないがゆえに、形状記憶ウイルスを発症させてしまう、ということではないでしょうか。

そうだとすると、「儲かる」という5Sから考えると少し遠い目的だけではなく、もっと近くに見える目的が明確になっているかどうかが、形状記憶ウイルスを予防する、つまり、組織全体で5Sを推進していくための肝になると思います。

次の章では、その点を考えていきましょう。

第2章
「なぜ5Sが継続できないのか？」の
ポイント

□ みんなが「いいね！」と言いながら実行できないのは、組織特有の原因があるから
□ 今までとは違うやり方をする場合において、特に実行できない傾向がある。それは主に〝形状記憶ウイルス〟のしわざ
□ 工場や店舗では5Sが業績に結びつくとイメージしやすいが、オフィスはイメージしづらいからこそ実行できない・続かない
□ 成果に直結する仕事をしたい、というのが働く人の本音。5Sは優先順位が低く見えてしまう
□ 社員全員でやらないと組織のパフォーマンス向上につながらない
□ 個人の良識に任せたところで、不公平感を生むのみ。社内での評価基準の統一が不可欠
□「何のために」が抜けると、やらされ感が漂う。「目的」を忘れないための工夫や心構えを
□ 形状記憶ウイルスにも予防が1番効果的！　取り組みを始める前に予防策を講じておこう

第３章

無理なく５Ｓが進むしくみ

５Ｓのメリット、実践する際の障壁がわかったところで、ではどうやって５Ｓに取りかかれば、成功に導けるのかが知りたいところ。

はやりもののビジネス手法に手を出してはいつもダメになる、かけ声はいいが実現した試しがない、など「いいこと」が実践できないケースは多々あります。ここでは、「いいこと」が計画倒れにならないためのポイントを解説します。

1歩を踏み出すのは社長自身

○トップが実践すれば下は自然とついてくる

第1章で事例に取り上げた日本電産グループにおいて、なぜあそこまで3Q6S（一般的には5S）が徹底できているのでしょうか。

その理由の第一に挙げられるのは、やはりトップである永守社長自身の長いマネジメント経験の中で、人を育てる上では5Sがもっとも大切なことであり、成果にもつながるという想いが、「確信」のレベルに到達しているからだと思います。

そもそも、まだ日本電産がベンチャー企業の規模だった頃は、当然自らが率先垂範しながら従業員を引っ張ってきたこともあり、**自らの実体験をベースに語られるメッセージの説得性は段違い**です。

三協精機で真っ先に役員が率先してトイレ掃除を始めたのも、「まずは上司が範を示すことが大切」という理屈に対する理解よりも、永守社長や監査員が自らの実行を通じて得てきた体感を聞いた上での納得感があるからこそ、本気の取り組みにつながっていったのではないでしょうか。

「やっぱり上がやらないと下はついてこないよね」

多くの方が当然知っている理屈だと思いますし、実際、私が講演などの場で5Sの話をさせていただく際にも、終了後このような会話が交わされます。

ところがどうでしょう?

「思い立ったが吉日」と、**早速自ら5Sの取り組みを始めるリーダーなどあまり見かけないというのが現実**です。

ましてや、その活動を継続できているリーダーとなるとさらに少ないというのは、言わずもがなの話ですね。

三協精機の事例を聞いても、「まあ、そこまで経営的に追い込まれているのだとしたら、社員みんなが相当な危機感を持っていたはずだから、やらざるを得ないよね」といった見方をする方が少なくないような気がします。

「5Sに取り組んでみたほうがいいかもしれない」と思う一方で、「いやいや三協精機

リーダーとして率先垂範するには？

エリアが違うので、同じようには……
ウチの業界はなかなか……
成功したら、こうなる！

確信が持てないからと、躊躇するのではなく……

明確なゴールイメージを持って、成功に導く！

のようにうまく推進できるという絶対的な確信は持てないから、どうしても二の足を踏んでしまう」というのが本音部分にはあるのでしょう。

特別な業界、会社などない

そういえば、講演で他業界の成功事例をお話しすると、「大変興味深く聞かせていただきましたが、**ウチの業界ではなかなかそうもいかないと思います**」といったコメントをよくいただきますし、それならと、同じ業界の成功事例をお話しすると、「とても面白い話でしたが、**ウチのエリアはエリア特性が異なるので、なかなか同じようにはいかないでしょうね**」といったコメントをいただきます。

業種や業界、あるいは規模の大小に関わらず、様々な企業のコンサルティングに携わってきた経験から言うと、「特別な業界もなければ、特別なエリアもない」という言い方もできますし、「あらゆる企業は特別な環境にいる」という言い方もできます。

もしも**本当に特別だと思っているのであれば、それを踏まえた上でどうすべきかを考えるだけ**の話です。

特別という前提を置くことで、「だから難しい」と思考が停止してしまうような状況に陥ってしまうのは、非常にもったいない気がします。

確信が持てるか、ではなく、ゴールイメージを描けるかどうか

ただ、「ウチは特別」といった表現の裏には、自らが取り組むことになるのであれば、やはり確信を持ってやりたいという気持ちがあるのでしょう。

つまり、5Sも同様だと思いますが、何か新しい取り組みを自らが率先して行なうには、成功に導けるという確信がなければ、なかなか1歩を踏み出せないのだと思います。

しかし、よく考えてみてください。

ビジネスに携わっている皆さんであれば、体験的に理解していることだと思いますが、

本来「100％成功する」話など、1つもないと言っても過言ではありません。

確信を持てないまま進めている仕事など実はたくさんあります。

だとすると、「確信を持てないとできない仕事」と「確信を持てなくてもできる仕事」というものが存在するわけですが、この違いは何かと問われれば、確信を持てなくてもできる仕事は、「もしこの仕事が成功すればこうなる」という取り組んだあとのイメージができているものだと思うのです。

よって、5Sにおいても、リーダーが率先垂範のスタンスを示すことができるかどうかは、**「成功すればこうなる」というゴールイメージを描けるか否か**にかかってきます。

日本電産グループが永守社長ならずとも自信を持って推進できるのは、自社はもちろん、数多くの成功体験から得られた明確なゴールイメージがあるからだと言えるでしょう。

1

何のための5Sかを明確にする

ゴールイメージをつかむための情報収集をしよう

これから5Sに取り組んでみようと考えている皆さんの場合は、当然成功体験がないわけですから、成功体験に頼らずにゴールイメージを描いていくことが必要になります。そのためには、ゴールイメージを描くに足る情報を収集する以外に方法はありません。

経営コンサルタントの中には、対象業種を絞り込んでコンサルティングサービスを提供しているコンサルタントもたくさんいますが、彼らがそのポジションを獲得するために意識していることとして、**「100軒行脚」**という言葉があります。

業界の中でも特にベンチマークすべき企業を100軒も訪問すれば、成功のポイントが見えてきて、同じ業界のクライアントに対してコンサルティングする際のゴールイメージ醸成に極めて役立つのです。

そういう意味で、すでに5Sに取り組んでいて、しかも成功している企業を実際に見にいくことが情報収集としてはもっとも効果的な手段になるでしょう。

100軒も見にいくなんてとても無理だ、と思われるかもしれませんが、仮に見にいくことはできなくても、もはやたくさんの情報が溢れているわけですから、**意識さえすれば知っておくべき質のよい情報を手に入れることは十分可能**です。

100軒行脚は、量をこなさなければ質は上がらないという意味で100軒という数字になっているだけの話であり、その数字にこだわるよりも、まずは1つ、「この会社はよい」「この会社はすごい」という事例を、とことん掘り下げて自分のものにするといったイメージでもかまいません。

いずれにしろ、ここでの目的は、5S活動を推進しようと思った自分自身の気持ちが途中で折れてしまわないように、ゴールイメージを自らの腹に落とすことですから。

◯……「日本一の知恵工場」タニサケ

ここで、タニサケという会社を紹介しましょう。

岐阜県池田町にある殺虫剤の「ゴキブリキャップ」等が主力製品の薬剤会社で、年間売上高は約8億円、従業員数は30名強のいわゆる中小企業です。

数年前、取締役会長の松岡浩氏の講演を聞く機会があり、とても素晴らしい会社だと注目していました。

日本HR協会（改善活動を推進している協会）発行の月刊誌「創意とくふう」（2012年11月号）に掲載された「改善・提案活動実績調査レポート」によると、タニサケの社員1人当たりの年間報奨金の合計が16万2154円で全国1位を11年連続獲得、1人当たりの改善・提案件数は126・7件で全国2位と、まさに「日本一の知恵工場」を自負するに値する会社なのです。

この改善・提案活動が、**タニサケの売上高対経常利益率20％以上という高い収益力のベースにもなっている**と考えるのは当然でしょう。

噂を耳にした全国各地の経営者から「従業員が積極的に改善提案するノウハウを知りたい」という要望があったというのも決して不思議な話ではありません。

そういった数多くの声に応えるために、松岡会長が1995年に始めたのが「タニサケ塾」です。

この「タニサケ塾」、2013年2月にはついに開催200回目を数え、延べ参加者数は約3600人に達しているそうです。

驚かされるのは、この**「タニサケ塾」は決して自社の利益のために実施されているわけではない**、ということです。

「タニサケのいいところを真似ることで、日本中の中小企業にぜひ元気になってもらいたい」という松岡会長の言わば純粋な思いで開催されているこの体験研修会に参加する費用は、2日間の食費と宿泊費の1万6000円のみ、つまり研修自体は無料なのです。

たとえ無料とはいえ、場所はタニサケ本社のある岐阜県の池田町です。そんな場所で毎月、定員がいっぱいになる研修とはどんな研修なのでしょう。

掃除を通して従業員への感謝の心を伝える

初日は、山登り、参拝、宿舎での健康教室等が行なわれ、これらを松岡会長1人で担当します。

2日目は、タニサケの社員も研修生を指導する立場で加わり、**掃除実習として、ゴミ箱、トイレ、自動車、フォークリフトを1時間以上かけて掃除した**あと、工場見学、松岡会長の講話といった流れで行なわれます。

タニサケ塾の研修内容

1日目
山登り、参拝、健康教室

2日目
掃除実習（ゴミ箱、トイレ、自動車、フォークリフト、etc.）
↓
工場見学
↓
松岡会長の講話

・費用は宿泊費、食費、計1万6000円の実費のみ
・場所はタニサケ本社のある岐阜県池田町
・定員は18名（毎回、すぐ満員に）
・松岡会長自ら指導、講演を行なう

「従業員が積極的に改善提案する会社の秘訣を知りたい」というニーズに応える研修なのですが、メインは掃除実習です。

松岡会長は、「経営者が自ら掃除することで心を磨く」という信念の持ち主で、自らも「従業員が朝から気持ちよく働けるように」と、**1番早く出社してゴミ箱洗いとトイレ掃除を毎日、17年もの間継続してきた**そうです。

私が聞かせていただいた講演の際にも、教育学者である森信三氏が残した職場再建の3原則「時を守り、場を清め、礼を正す」について話されていました。

この3原則の根底にある、他人を思いやる気持ちとそれを体現する行動こそが大切

だと、松岡会長は考えているのだと思います。

言わずもがなですが、ゴミ箱洗いとトイレ掃除とはいえ、17年もの間、毎朝続けるというのは並大抵のことではありません。

当然、従業員の皆さんに対する感謝の気持ちは十分伝わったことでしょう。

だからこそ、現在は従業員の有志の方々がそれを引き継いでやっているようです。

研修プログラムの掃除実習に関しても、掃除を徹底してやるということはどういうことなのかという、掃除そのもののレベルの高さを学ぶことは当然あるでしょう。

しかし、それよりも大切なのは、**そもそも何のために掃除するのか**（＝掃除を通じて自らの心を磨くことこそが大切）ということです。

2日間の研修を通じて、単なるノウハウだけではなく、そのノウハウにどう命を吹き込んでいかなければならないのかという、まさに本質に当たる部分を体感し、納得できるからこそ、「タニサケ塾を続けてもらいたい」という声があとを絶たないのでしょう。

参加された研修生の皆さんは、**「ノウハウよりもノウハウを生かす本質の部分こそが大切だ」**という理解をしているはずです。

たとえ参加したことのない方でも、じっくり考えていただきたいポイントです。

○……従業員のモチベーションが続く細かなしかけ

タニサケでは、従業員が提出する**改善案全てに「知恵手当」を支給**していますし、採用された改善案にはその内容に応じた報奨金が支給されます。

しかしながら、ほかの会社がその仕組みを導入したからといって、タニサケと同様に30名強の従業員から年間2500〜3000件もの改善提案、中には1人で400件以上の改善提案が出てくるまでに活性化するかというと、それはかなり高いハードルでしょう。

タニサケには改善提案のほかにも様々なしかけがあります。

その1つが「ありがとうカード」です。

従業員同士の間で、何か親切にしてもらったことがあれば、感謝の気持ちを「ありがとうカード」に託すという制度で、月に100枚以上が投函されます。

「ありがとうカード」1枚に対して、褒めた人、褒められた人、双方に私製図書券が渡されることになっており、**従業員のモチベーション向上に大いに寄与している**ようです。

しかし、極めて簡単そうに見えるこの「ありがとうカード」にしても、タニサケのように活性化している状態を維持するのは簡単なことではありません。
やはり学ばなければならないのは、**「なぜタニサケではこれらが生きた制度として実践されているのか」**という部分であり、それが松岡会長のこだわりを理解するということだと思います。

「自己中心ではなく他者中心」

「徳は自己犠牲に比例する」

「よりよく生きるために、薄紙を1枚1枚積み重ねる」

「社長は苦労を生きがいに」

「不遇なとき愚痴を出すのか、それとも知恵を出すのか」

「常に創意工夫」

「やらされる仕事からやる仕事に」

「仕事が楽しみなら人生は極楽、仕事が義務なら人生は地獄」

「つくる製品はできるだけ安く、そのために全従業員に知恵を借りるし、出てきた知恵には全て耳を傾ける」

これらは、講演の際に話されていたキーワードです。

タニサケに学ぶべきポイント

- 掃除の徹底
- アイデア１件につき支給される「知恵手当」
- 従業員同士の「ありがとうカード」

→ 従業員がいきいきと楽しく働ける土壌をつくるための取り組み。ただし、「何のために」という〝理由〟がなければ、実践・継続できない＆意味もない

松岡会長は、従業員がいきいきと楽しく働ける社風づくりこそが何よりも大切だと考えており、そのために必要な考え方を常日頃伝えるとともに自らも実践しているのです。

タニサケの場合、決して大上段に５Ｓと言っているわけではありませんが、結果的には５Ｓを徹底できている状態をつくり上げています。

そう考えると、やはり**大切なのは「５Ｓのやり方」ではなく、「何のために５Ｓに取り組むのか」**というところになるのではないでしょうか。

2 従業員満足を第一に考える

5Sの実行度合いを高めるサービス・プロフィット・チェーン

サービス・プロフィット・チェーンという言葉をご存知でしょうか。

ハーバード・ビジネススクールのジェームス・L・ヘスケット教授が中心になって提唱したモデルで、図で示すと次ページのようになります。

内容は、ごく簡単に言うと**「従業員満足を高めることが顧客満足の向上につながり、顧客満足の向上が業績向上につながり、その利益を還元することが従業員満足につながる」**ということです。

なぜあえてここでサービス・プロフィット・チェーンを取り上げるかというと、5Sを徹底して儲かっている会社には、この理屈が見事に当てはまっているケースが多いからです。

サービス・プロフィット・チェーン

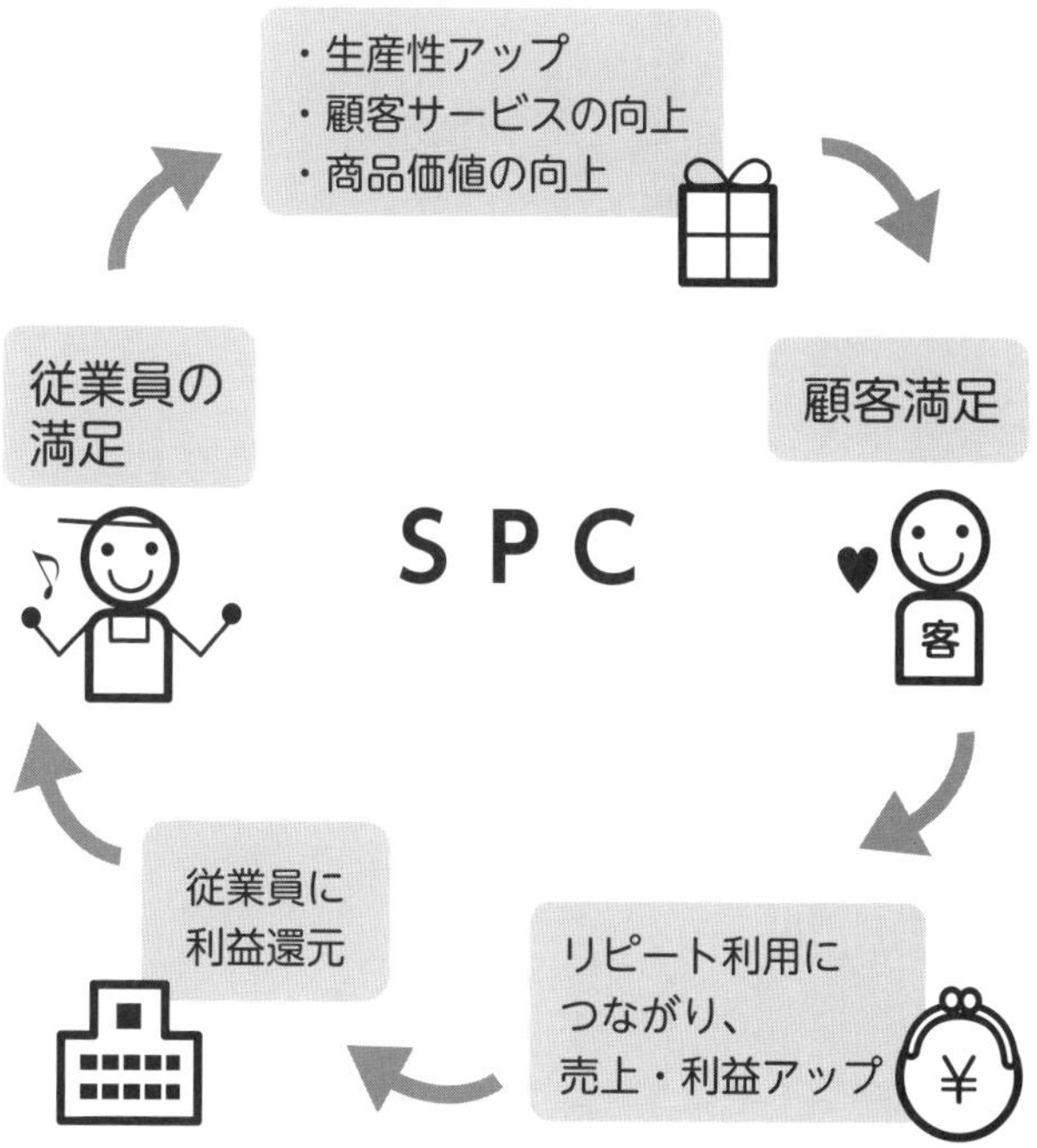

従業員を満足させると、仕事のパフォーマンスが高まる。

質の高いパフォーマンスができれば顧客満足につながり、

顧客満足度が上がれば自然と売上・利益はアップする。

→プラスの循環ができ上がる！

『OQ(オーナーシップ指数)』
(ジェームス・L・ヘスケット、W・アール・サッサー、ジョー・ホイーラー著/川又啓子、諏澤吉彦、福冨言、黒岩健一郎訳/同友館/2010年)
を参考に作成

事例として紹介した日本電産にしてもタニサケにしても、従業員がイヤイヤ5Sに取り組んでいる、あるいは無理矢理やらされている、ということではありませんでした。

日本電産の事例に出てきた三協精機は、買収された側の会社という状況だから現実的にはやらされているのでは、と思う方もいるかもしれません。

しかし、実行の現場はあくまでも三協精機の従業員によるものであり、日本電産の監視員はあるべき姿を示し、点数をつけているに過ぎません。

そもそも、もしもやらされ感が充満しているのだとしたら、短期のV字回復といった業績面のパフォーマンスにまでつながるはずもないでしょう。

面従腹背《めんじゅうふくはい》という言葉があるように、**表面上は上からの指示に従っているように取り繕っているだけで、裏では実行が疎かになっているようであれば、当然成果は出てきません。**

「これは必要不可欠な活動だ」と現場の従業員が理解し、「自分たちもやればできるはずだ」という納得感があるからこそ、行動の質が上がり、成果につながるわけです。

そう考えると、実行している現場は恐らく高いモチベーションで取り組んでいたはずなのです。

安心して働ける、という満足もある

とは言いながらも、当時の三協精機の経営環境において、「従業員満足」が実現できるのかという疑問は拭えないかもしれません。

それでは、次のように考えてみるとどうでしょう。

そもそも、満足というのは期待を上回ったときに得られるものですね。

当時の三協精機は、**決して経営も芳しい状態ではなく、実際、リストラもやむなしといった空気感**だったようです。

ところが、資本参加してきた日本電産は、「従業員削減には手をつけず、給料の減額も行なわない」という方針を真っ先に示しました。

「いったいこの先どうなるんだろう」という不安な状態から解放されたことによってもたらされた安心感は、大変大きなものだったのではないかと推察されます。

このことが、これから改革をスタートしようという従業員のいったんの満足につながったのではないかという見方も決して誤りではないように思います。

タニサケもしかりです。

松岡会長は、「従業員がいきいきと楽しく働ける職場づくりこそが大切」と言われていますが、まさにそれを実践している状況が体感できるプログラムだからこそ、「タニサケ塾」にこられた方々は元気をもらえるのです。

インターンシップ制度で、タニサケの仕事を体験した地域の高校生からも、「こんな職場で働きたい」、「自分が働く会社をこんな職場にしたい」といった声がたくさん届くそうです。

やはり、従業員満足が不可欠な要素になっているということだと思います。

「社員を幸せにする会社」伊那食品工業

もう1つ、従業員満足の大切さを理解してもらえる事例を紹介しましょう。

長野県伊那市に伊那食品工業という会社があります。

すでに数多くのメディアにも取り上げられていますし、代表取締役会長の塚越寛氏がご自身の経営の考え方をいくつかの著書にまとめられていますので、ご存知の方もいらっしゃると思います。

伊那食品工業は、寒天に特化している食品メーカーで、年商は約174億円（2011

年輪経営とは？

・急成長した木

＝密度が低く、
衝撃に弱い

・着実に年輪を重ねた木

＝密度が高く、
強度もある

→　経営者として目指すべきは、じっくりと腰を据えて成長する「年輪経営」

年度）ですが、なんと**創業から48年間連続増収を続けた会社**です。

バブル崩壊以降、失われた20年などと言われているように、多くの企業にとって売上を成長軌道に乗せることが困難になっている環境下において、着実に成長を実現させてきたわけで、その経営手法は大いに気になるところでもあります。

この伊那食品工業を引っ張ってきた塚越会長が経営理念として大切にしている考え方の1つに〝年輪経営〟があります。

1つひとつに年輪が刻まれている樹木は、成長が早ければ早い（つまり急成長する）ほど弱く、台風などですぐに折れてしまうそうです。

一方、着実な成長で年輪を重ねている樹木は、

ちょっとやそっとのことでは折れることなく圧倒的に強い、つまり会社も着実な成長を通じてこそ強くなるということで、〝年輪経営〟を掲げているのです。

塚越会長は言います。

「会社というのは本来働く人を幸せにするためにできたもの」

「そのためにも会社は永続しなければならない」

「会社をよくすることが成長であり、売上は1つの条件に過ぎない」

「利益は大事だが、社員を犠牲にした利益はダメ」

つまり、永続する強い会社こそが社員を幸せにできるという考えが、〝年輪経営〟という言葉に込められているのだと思います。

◯……身の丈に合った会社経営

それは、「売り過ぎない」、「つくり過ぎない」という方針にも表れています。

1981年頃、人気が出てきたカップゼリーを売らせてもらいたいという大手スーパーからの依頼がありました。

幹部が「これで売上を大きく伸ばせる」と喜んでいるのを傍目に見ながら、塚越会長が下した決断は、**「身の丈に合わないから断る」**というものでした。

無理な増産は品質面で消費者に迷惑をかけるかもしれないし、営業体制も整っていない状況では社内の混乱を招く可能性が高いという理由からです。

現在でも、伊那食品工業の商品を買いたい消費者は、全国8ヵ所の直営店か通信販売で購入するしかありません。

かといって、決して地味にやっているわけではありません。

伊那食品工業の本社は、公園化された東京ドーム2個分の敷地内にあり、そのガーデンでは、お土産ショップやレストランを展開しています。

入場料はもとより、中にある美術館も無料、天然水は汲み放題というガーデンには、**年間35万人もの観光客が訪れ、もちろん多くの方が伊那食品工業の商品を買っていく**のです。

「着々と確実に」というのが〝年輪経営〟の考え方ではありますが、だから挑戦しない、というわけではありません。

前年踏襲はダメ、あらゆる仕事は開発型でやることが必要、という塚越会長の言葉にも、挑戦しようという姿勢が表れています。

○……この会社のために、と思えるかどうか

さて、ご紹介したガーデン内の本社ですが、毎日、始業の50分前には従業員が出社して掃除を始めます。

しかも、**当番制のような決まりごとはなく、全て従業員が自主的に行なっている**のです。「ガーデンにこられるお客さまに綺麗だと思ってもらいたい」という個々の従業員の思いで掃除されているガーデンは、文字通りゴミ一つ落ちていません。

ある従業員は、自らトイレ掃除に精を出しています。

トイレが汚いだけで、お客さまに「なんだ、こんなところか」などと思われたりしたら悔しいと、素手で磨き上げているのです。

伊那食品工業の事例を取り上げたのは、この自主的な掃除が1番の理由です。

なぜ、このような状況を生み出せるのかを考えてみましょう。

塚越会長の〝年輪経営〟は、会社は永続すべきものという考え方のもとに掲げられていますが、永続することも社員が幸せになるための手段だと言い切っています。

成長という言葉の定義も、**社員が「以前よりも今のほうが幸せ」だと思えることこそが、すなわち会社が成長したということ**だとされています。

つまり、経営における最大の目的は、社員が幸せになることなのです。

そして、その目的に通じると考えられる、あらゆる取り組みを実行しています。

もはやほとんどの日本企業が諦めてしまった年功序列賃金制度、終身雇用制度が伊那食品工業には残っており、社員は給料が下がったり、リストラにあったりという不安とは無縁の生活をしています。

地方という土地柄もあるのかもしれませんが、400名以上いる社員のうち、持ち家比率が80%を超えていることが、会社への信頼を裏づけているとも考えられるでしょう。

そのほかにも、定年後の社員を再雇用する農園、暮らしを支える補助手当（駐車場に屋根を取りつける費用、スタッドレスタイヤ手当等）、毎年の社員旅行、おやつ休憩（2回／1日）、おやつ手当（500円／月）等々、様々な取り組みをしています。

まさに一貫した経営姿勢が着実な成長につながり、それが**会社に対する社員のロイヤリティ（＝忠誠心）につながっている**のです。

だからこそ、「この会社のために何かできることをやりたい」という率直な思いを抱く社員が数多く存在し、それが自主的な掃除の背景にあるのだろうと思います。

○……利益は残りものに過ぎない

最後に、特に印象的だった塚越会長の言葉を紹介しましょう。

言葉遣いが少々悪くなってしまいますが、非常にわかりやすい説明なので、そのまま引用させていただきますね。

塚越会長は、「利益はうんこ」だと言います。

たとえば、人間は健康に生きていくために食べるのであって、うんこを出すために食べるわけではありませんね。

塚越会長の経営においても、**会社を永続させるためには稼いだお金を栄養として隅々にまでいき渡らせなければならない**ということです。

1番は社員のモチベーションで、社員が十分に満足できるような給料を払わないといけないと考えています。

もちろん、働く職場も快適にしなければいけません。

また、メーカーとして研究開発にも資源を投入しなければなりません。

まずはそれらにお金をいき渡らせた上で残ったものが利益、だからうんこだと言うわけです。

聞いてみると当たり前だと思うことですが、その当たり前を腹に落とすことがなかなか難しいというのが実際のところです。

しかしながら、伊那食品工業という会社をこのような形に成長させてきた経営者の言葉だと思うと、やはり当たり前に挑戦することが大切だと思わずにはいられません。

3 レベルの高い基本ができる集団をつくる

〝当たり前〟ができる組織は強い

「まずは基本を徹底する」

「当たり前のことを当たり前にやれる会社になる」

これは多くの経営者、あるいはリーダーの方々と話すと、よく出てくる言葉です。

ビジネスとは、ある意味において勝負事ですから、**スポーツなどと同様に、基本を徹底すること、徹底できることの重要性を肌感覚でわかっているから**こそ、そういった言葉が出てくるのだと思います。

ここで少し、スポーツに置き換えて考えてみましょう。

スポーツにおいて、強いチームを評して、「あのチームは基本が徹底されているから強い」といったコメントをする人は多いですね。

トップクラスのチームであればあるほど、基本が徹底されているということです。

では、「基本が徹底されている」とはどういうことでしょうか。

たとえば、野球の基本の1つにキャッチボールがありますが、「強いチームはキャッチボールが徹底されている」とは言わないでしょう。

それは少し意味が違うと思いますよね。

サッカーの基本と言えば、その1つにインサイドキックという蹴り方がありますが、これも「強いチームはインサイドキックがすごい」と聞くと、やはり意味が違うということになるでしょう。つまり、ここで言っている基本は、**一般的な「基本」とはやや違った意味がある**ということになります。

「基本が徹底されているから強い」と言われて、私たちは「その通り」と思いながらも、基本という言葉の定義に関しては実はあまり深く考えていないのではないでしょうか。

一般的な「基本」と異なる解釈とは何なのか、大変興味深いところです。

本当の「基本」とは何か

では、「基本が徹底されているチームは強い」の基本とは、いったい何なのか。

野球で考える〝基本〟とは？

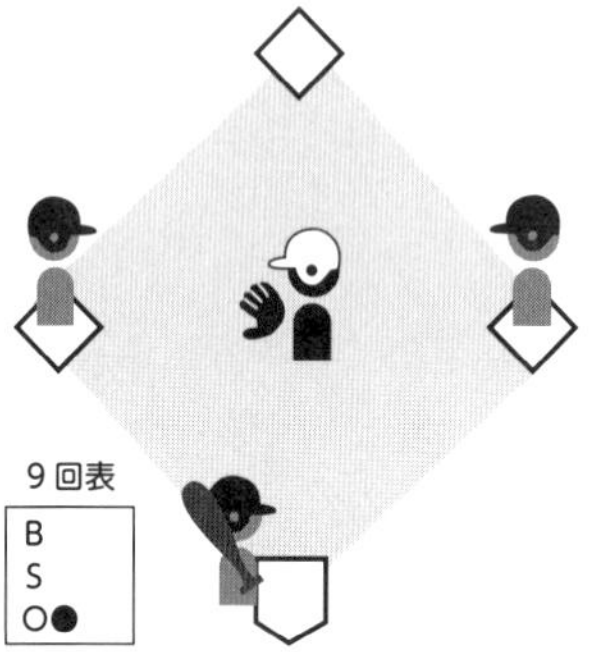

この状況での守備における基本

・アウトカウントはまだ1。3アウトまであと2つあるので、できれば1回で2アウトとってしまいたい。ゴロを打たせてゲッツーを狙いたいので、前進守備
・まだ1アウトなので、バントをしてくる可能性も。バントの構えを見せたら前進守備で対処！

……などなど、その場面に応じて、何が基本・定石なのかは変わる

セオリーと呼ばれるような、言わば「当たり前のこと」が徹底できるかの差が、勝負を分ける

恐らく、野球にしてもサッカーにしても、考え方としては一般的に言われているようなこと（基本）にも関わらず、多くのチームがなかなか実践できていないことを、当たり前のこととして実践できるチームに対して、「基本が徹底されているから強い」という表現をしているのだと思います。

たとえば、野球の守備であれば、イニングの前半後半、その時点の得点差、1アウト1、3塁といった状況によって、次の打者でどう打ち取るのかという狙いが変わり、その狙いに応じて取るべき守備位置も変わります。

そして、そこからのボールカウント、

さらには飛んだ打球の方向によって、守備陣は「いかに失点を抑えるか」、「いかに進塁を防ぐか」といった視点で、最適な動きを選択しなければなりません。

プレーボールがかかる前までは、ベンチから指示を出すことはできますが、プレーが始まってからは、9人の守備陣が瞬時に状況判断をして動くことが求められる、つまり個々人の判断に委ねられます。

その個々人の状況判断のレベルが高ければ高いほど、不用意な失点や進塁を防ぐことができ、結果として勝率が高まる。つまり、**強いチームという評価を得られる**ということです。

野球の場合、私たちが普段目にしているのはプロ野球、あるいは高校野球の全国大会と、そもそも「基本が徹底されているから強い」チーム同士の戦いであり、どちらが勝っても不思議ではないというレベルの試合ですから、その差を見極めるのは困難だとも言えます。

しかしながら、たとえそうだとしても、**勝敗を決定づける場面というのはえてして、あのプレー、あの1球、というピンポイントのシーン**です。

つまり、より高いレベルでの〝基本〟の差が勝敗を分けるということになります。

そして、その勝敗の分け目におけるプレーの質を決定づけるのは、日々の練習の積み重ねでしかありません。

すでに一昔前の話になってしまいますが、ヤクルトスワローズの黄金期を引っ張ってきた野村前監督の野球は、「ＩＤ野球」と呼ばれていました。

膨大なデータを駆使しながら、攻め方、守り方を決定していく野球ということですが、それを実践するのはもちろん選手です。

場面、状況に応じて、考えるべきことは何かを、野村前監督は、日々の練習の中で常に選手に問いかけ、もちろん試合の途中でもそれをやり続け、まさに積み重ねの中で高いレベルの基本をチームに植えつけていったのです。

基本を極めることで好循環が生まれる

さて、ここまで事例として取り上げてきた日本電産、タニサケ、伊那食品工業。

日本電産の永守社長の著書『【新装版】奇跡の人材育成法』（永守重信著、ＰＨＰ研究所、２００８年）には、「わが社のような零細企業には、一流の人間などやってくるわけがない」と書かれていますが、それはタニサケにしても伊那食品工業にしても恐らく同様の話でしょう。

誤解のないように補足しますが、この３社に特別集まらないということを言いたいのではなく、日本全国に存在するほとんどの会社がやはり同じような状況だろうという意味です。

3社に通じているのは、基本中の基本を着実に教え込んでいくことで、当たり前にできることを積み重ねていきながら、結果として「（高いレベルの）基本を徹底できる組織」をつくり上げていることです。

その状態にある組織では、**基本中の基本である5Sの実行でさえも、一般的企業がやるレベルとは異なる高い次元で実行されており、それが売上、利益に直結するような行動においてまで好影響を及ぼすような流れができ上がっている**わけです。

「基本が徹底されているから強い」

基本中の基本を「当たり前にできる」組織こそが、「当たり前にできる」ことを増やしていくことができ、結果として強い組織にしかできないレベルのことさえも基本として徹底できるようになるのです。

だからこそ、「5Sを徹底できる会社はすべからく儲かる」、ということです。

文中でも触れていますので、十分理解していただいているとは思いますが、この〝当たり前〟には次のことも当然入っています。

「上がやらなければ、下がやるわけがない」

かの山本五十六氏の残した名言にも、「やってみせ、言って聞かせてさせてみて、褒めてやらねば人は動かじ」がありますね。

多くの経営者も大切にされている言葉だと聞きます。

やはりまず「やってみせる」ことが人を動かす本質だということなのでしょう。

上がやり下もやる、つまり**組織が一体となってやる、組織が一体となってやることが当たり前にできる、そんな会社は誰がどう見ても当然強い**はずです。

だからこそ、「5Sを徹底できる会社はすべからく儲かる」。

そう言い切っても決して間違いはないのではないでしょうか。

第３章
「無理なく５Ｓが進むしくみ」の
ポイント

□ トップが実践することによって、下の人たちに強いメッセージが伝わる。ぜひ率先垂範を

□ ビジネスに「特別」はない。「確信できる仕事」もない。全ては目標に向かって勝てるイメージができているかどうか

□ ゴールイメージの醸成には、実際に成功しているところを見学するのが１番。見学が無理でも、情報はいくらでも入手できる

□ 従業員が気持ちよく５Ｓができる、ひいては仕事ができる環境を整えるのは経営者の役目

□ やらされ感から５Ｓに取り組んでも効果は出ない。自ら進んで５Ｓをやってもらうには、従業員満足が大きなポイント

□ 社員１人ひとりの満足があって初めて利益はついてくるもの

□「基本」を極めていけば、より高いレベルのことも「当たり前に」こなすことができるようになる。それは、日々の小さな１歩の積み重ねの成果

第４章

５つの中間目的で５Ｓを完遂

さて、意気揚々と５Ｓを始めて、しばらくするとなんだか失速、最終的には誰もやらなくなってしまった……なんてことは、往々にして起こることです。

第４章では、５Ｓを続けるために知っておいたほうがいいこと、続けるための工夫についてお話しします。成果が出るまでやり続けないと、せっかくの取り組みも台無しですよ！

5Sを継続するための中間目的

1回綺麗にして満足、で終わらないために

ここまでで、なぜ5Sを推進するのか、そしていざ5Sを進めると思いのほかうまくいかない理由、に関して十分にご理解いただけたのではないでしょうか。

さて、4章では、5Sを実際に進める上で特に意識してもらいたいことについて、ご説明します。

5Sは、組織が一体となって動かなければ効果の出ない活動であり、しかも**ゴールとしてイメージしている「儲かる」に到達するまでには継続力が不可欠**です。

これまでの事例でも何度か触れてきたことですが、この継続力に関しては「言うは易し行なうは難し」で、なかなか一筋縄ではいきません。

なぜならば、人は誰でも「努力している労力に応じて、あるいは、かけている時間に応じて、少しずつでも成果が出ることを望んでいる」からです。

ところが、5S活動を推進する過程で、「儲かる」というゴールに向けて成果が実感できるタイミングは、すぐにはやってきません。

もちろん、「整理・整頓が進んですっきりした」、「オフィスが綺麗になった」、といった目に見える短期的な成果はあるでしょう。

しかし、それは本来の目的ではありません。

短期的な成果で満足してしまい、「ここまでやったんだからしばらくはもういいんじゃない」といった心理状態に陥ってしまっては何の意味もありません。

第2章でもお伝えしましたが、組織だからこそ陥りがちな失敗を十分に頭に入れながら、5S活動を推進・継続していくことが、ゴールに向かうには必要不可欠です。

よって本章では、5Sの〝中間目的〟を是非理解してもらいたいと思います。

中間目的の延長線上に「儲かる」がある

まず、〝中間目的〟という言葉の定義について説明しましょう。

「5Sを徹底できる会社はすべからく儲かる」という話の中では、最終のゴールは「儲かる」ということになりますが、〃中間目的〃は、その**ゴールを達成するまでの過程として意識しなければならない重要な目的**です。

最終のゴールと思っていただきたくないので、あえて、〃中間目的〃という言葉を使っていますが、この〃中間目的〃に到達できるだけでも素晴らしいことであり、〃中間目的〃に到達できれば、きっとゴールである「儲かる」を実現するイメージが持てるはずです。

〃中間目的〃とはそのような定義だと考えておくとよいでしょう。

外部環境をもはね返す強い組織の条件

5S活動の〃中間目的〃として押さえておくべき項目には以下のようなものがあります。

①決断力の向上
②円滑なコミュニケーション
③価値観の共有
④組織的なパフォーマンス向上
⑤基本レベル向上サイクルの定着

５Ｓの中間目的

①決断力の向上
②円滑なコミュニケーション
③価値観の共有
④組織的なパフォーマンス向上
⑤基本レベル向上サイクルの定着

中間目的に到達できれば、ゴールの「儲かる」も
イメージできるようになる！

５つの項目の詳細は、このあと詳しく説明しますが、これらの要素を兼ね備えた組織であれば、「儲かる」を実現できると思いませんか。

「５Ｓを徹底できる会社はすべからく儲かる」の本質は、実はここにあります。

誤解を恐れずに言ってしまうと、そもそも**会社における売上や利益はコントロールできるものではありません。**

なぜならば、売上や利益の前提には、内部要因だけではなく外部要因も含まれるからです。

たとえば２００９年のリーマンショックをきっかけとした需要の激減などに見舞われて、多くの会社が甚大なダメージを被っ

てしまったことを思い出していただければ、理解しやすいでしょうか。

自社内のがんばりだけではどうにもならないもの、それが売上や利益です。

では、なぜ私が「5Sを徹底できる会社はすべからく儲かる」と主張するのかというと、その理由は、〝中間目的〟に挙げた5つの項目を併せ持つ会社であれば、外部環境からの機会を最大限かつ最速に成果に変換できるとともに、外部環境からの脅威に対しては最小限にとどめる力を有していると考えるからです。

内部改革で生まれ変わった日本航空

2010年1月19日に会社更生法を申請し、実質的には経営破綻した日本航空が、無事に再生を果たしているのは皆さんもご存知の通りです。

再生初年度の2010年度には、1900億円近い営業利益を上げて黒字転換し（前年は1200億円の赤字）、2011年度には東日本大震災の影響を受けながらも約2000億円の営業利益を上げるところまで経営を立て直しました。

決して、外部環境が劇的に好転したわけではありません。

むしろ、厳しい状況が続く中で、これだけの回復を見せたのですから、一体何をしたのか、気になるところですよね。

実際は、皆さんもご存知のことかと思いますが、会社更生法をきっかけに経営トップが京セラの創業者・稲盛氏に交代し、稲盛流の経営手法を導入、展開した、つまり内部改革によって再生を果たしたわけです。

「日本航空が5Sを徹底して組織改革を実現した」といった話ではないので、なぜこの話を取り上げるのか混乱する方もいるかもしれません。

確かに、「社員の意識を変える」という〝中間目的〟に対して、日本航空は「JALフィロソフィ」を全社員に浸透させるという手法を取っており、5Sとは違うと言われればその通りです。

しかしながら、組織をよい方向に向けて変化をもたらすという〝中間目的〟を達成するための方法として見た場合、**JALフィロソフィを浸透させることも5Sを徹底することも、本質的には大きな違いはない**ように思うのです。

ただ、JALフィロソフィといった類いの活動になると、企業としての理念をつくり、その理念を社員に浸透させながら、各自がどう行動すべきかについて考えるという流れをつくるというイメージで、トップ主導で進めるべきものになってしまいます。

そう考えると、**5Sのほうは、そこまで実行に向けたハードルが高いわけではない**ため、会社のトップに限らずとも、現場リーダーの方々が自らの意思で取り組んでもらいやすい手法だと言えるでしょう。

それでは、次のページからは具体的に、5Sの中間目的について解説してまいります。

1

中間目的① 決断力の向上

判断基準の統一で社員全員の意思決定力が上がる

まずは、1つめの「決断力の向上」からです。

決断力という言葉を聞くと、リーダーが持つべきスキルだと考える方が多いかもしれません。

しかし、ここで言う決断力とは、そういった重要事項の意思決定についての話ではありません。

日々の仕事の中においては、**リーダーであろうがなかろうが、たとえ新入社員であっても、自らの考えで意思決定し、行動しなければならない場面に遭遇する**はずです。

その際に、組織に属する社員として、より正しく意思決定できる力が、決断力です。

では、なぜ5S活動で決断力が向上するのでしょうか。

それは、決断力を向上するために必要不可欠な要件と関係があります。その要件とは、行動する際の判断基準を組織内の共通認識にする、つまり可能な限り統一することです。

組織としての判断基準が培われる

5S活動を進めていくに当たっては、様々な場面で判断基準を決定する必要性に気づかされることになります。整理、整頓を例に、説明しましょう。

まず、整理とは「不要なものを捨てる」ことです。

その言葉だけを聞くと、「確かに使いもしないものがオフィスにあふれているのは、見た目もよくないし仕事の効率も悪くなりそうだ。不要なものは捨ててしまおう」と簡単に合意形成は図れそうです。

しかし、いざ作業に入るとどうでしょう。

「この書類は捨ててもいい書類なのかどうかわからない」

「この備品は捨ててもいい備品なのかどうかわからない」

このような場面に多々直面することになります。

よって、その都度「これは捨ててもいい（捨ててはいけない）ものです。なぜならば……」といった流れで判断基準を共有しなければなりません。

そうして繰り返し共有することによって、整理の判断基準は統一化され、その職場での共通認識となっていきます。

次に、整頓とは定物定置、つまり「必要なものをいつでも・誰でも取り出せるように配置する」ことです。

これも、言葉をそのまま受け止めると「確かに、一々必要なものを探す時間がかかるようではもったいない。収納場所を決めて、誰もがわかるように並べておこう」という話になるはずです。

ところが、いざ整頓作業を始めるとどうなるでしょうか。

「どのぐらいの頻度で必要になるものなのか」

「それぞれをどこに配置することがベストなのか」

このような問いかけに対して、答えを明確にすることが必要になります。

整頓に関しても、その都度その都度、周囲に問いかけを行ない、職場での共通認識をつくり上げる必要があるでしょう。

整理、整頓という言葉だけを捉えると、ともすると「どんどんやればいいじゃない」

5Sで決断力をアップする

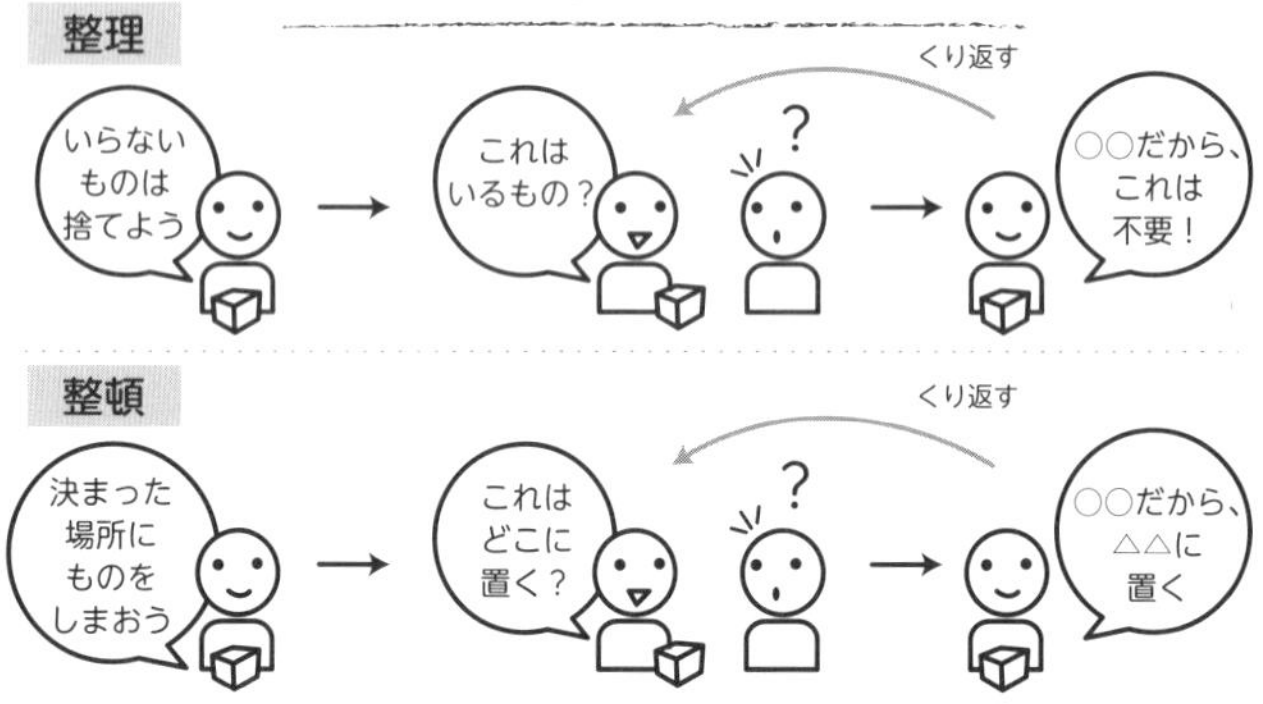

整理
くり返す
いらないものは捨てよう
これはいるもの？
〇〇だから、これは不要！
整頓
くり返す
決まった場所にものをしまおう
これはどこに置く？
〇〇だから、△△に置く

組織としての判断基準を何度もくり返し共有することで、
個人個人が自ら意思決定・実行できるようになる
↓
決断力が向上する！

と安易に考えてしまいがちです。

しかしながら、**組織である以上、個人の判断で勝手に進められるものではありません。**

どう考えても、組織としての判断基準が必要なのです。

このように、5Sの判断基準を共有するプロセスを通じて、「判断基準を確立し、個々の社員が自ら正しく意思決定して実行できる」ことを組織は経験的に学習していくわけです。

そして、この経験が5S活動を超えて、日々の仕事の中でも行なわれるようになったとき、決断力の向上が目に見える形で表れるようになるのです。

自分の考えで動ける人が育つディズニーランド

ここまで述べてきた判断基準の確立・共有を、高いレベルで定着させているのがディズニーランドです。

ディズニーランドでは、「キャスト」と呼ばれる約2万人ものスタッフが働いており、そのうち約8割が準社員（アルバイト）であるにも関わらず、クオリティの高い接客サービスを実現しています。

教育プログラムが充実していることはもちろんですが、〝SCSE〟というキーワードで判断基準を浸透させていることも大きな要因の1つです。

そのSCSEについて説明しましょう。

S：Safety　　＝安全
C：Courtesy　＝礼儀正しさ
S：Show　　　＝ショー
E：Efficiency ＝効率

それぞれの言葉の定義に関しては割愛しますが、例えばShow 1つとっても、「キャ

ディズニーのＳＣＳＥ

Ｓ：Safety（安全）
Ｃ：Courtesy（礼儀正しさ）
Ｓ：Show（ショー）
Ｅ：Efficiency（効率）

会社としての判断基準を明示することで、
自分で判断・行動できる人材が生まれる

ストの身だしなみや立ち居振る舞い、施設の点検、清掃等、あらゆるものがテーマパークのショーの一部であり、毎日が初演の気持ちを忘れずに、ショーを演じ、ゲストをお迎えすること」といった意味が込められています。

ＳＣＳＥは、この順序がそのまま優先順位になっており、**優先順位に照らし合わせて確信が持てれば、キャストは自分の考えで行動できる**のです。

たとえば、路上にこぼれているジュースの清掃を行なうキャストは、しゃがんで清掃を行なうことはありません。

キャストがしゃがんだ状態でいると、周囲に気を取られているゲスト（お客さま）が気づかずにぶつかってしまったり、転んでしまったりするかもしれないという安全性への配慮から、立ったまま足で拭くことを決めています。

立ったまま足で拭くという行為は、常識的にはとても礼儀正しいとは言えないものかもしれませんが、**ディズニーランドでは安全が最優先される**のです。

また、お土産ショップには、買い物カゴが設置されていません。

たくさんのお土産を購入されるゲストも多々いらっしゃるようですし、そういったゲストに少しでも多くの商品を買ってもらうためにも、買い物カゴがあったほうが購買点数アップ、つまり収益向上につながるはずです。

しかし、これも「買い物カゴが万が一でもお子様に当たってしまうと危ない」という安全面を最優先した結果、設置が見送られているのです。

○……行動指針は非常時でも役に立つ

これらの取り組みは、決してリーダークラスだけで考えたものではありません。

現場のキャスト達が、ＳＣＳＥという判断基準に基づいて意思決定し、実行に移しているものの1例です。

ＳＣＳＥの徹底度合いは、あの東日本大震災の際にも際立っていました。

偶然、テレビのニュースで震災直後の映像を見たのですが、大きな揺れがあった直後から、「これで頭を守りながら避難してください」とショップの商品であるキャラクターのぬいぐるみをお客さまに手渡ししているキャストの方。

とある建物の中では、「照明器具が落下してくるおそれがありますから、ここは通らないように避難してください」と叫びながら、まさにその落下地点となり得る場所で体を張って誘導に当たっている人も。

「お客さまに万が一のことがあってはならない」という必死かつ冷静なキャストの姿勢が、大きな混乱をきたすことなくお客さまを誘導できた要因だろうと感じました。

いきなりここまで徹底することは難しいかもしれませんが、**小さなことから少しずつ、実行できることはある**はずです。

「決断力を向上させるために、組織で判断基準を共有すること」を、5S活動の〝中間目的〟の1つとして是非意識してもらいたいと思います。

2 中間目的② 円滑なコミュニケーション

○……組織として1つにまとまること、本音を言えること

単に「円滑なコミュニケーション」と書いてしまうと、何か通り一遍の話のように伝わってしまうかもしれませんが、とても重要なことですので、注意していただきたいところです。

ここで〝中間目的〟としてあげた円滑なコミュニケーションという言葉に込めた意味は2つあります。

1つは、上司と部下の縦のコミュニケーション、部門の壁を超えた横のコミュニケーションを通じた**組織の一体化**。

もう1つは、「本当はこうすればいいのに」という意見が当たり前に言える**本音のコミュニケーションができる組織への成長**です。

まず、組織の一体化から考えてみましょう。

そもそも、野球やサッカーといったチームスポーツが「勝たなければ一体化しない」ように、ビジネスにおいても「成果を上げなければ一体化しない」傾向はあります。

よって、組織の一体化のためには、成果を上げることがもっとも重要な要件であるわけですが、その**成果を上げるためには、当然、縦横のコミュニケーションが円滑に行なわれていなければならない**でしょう。

縦横のコミュニケーションが、必ずしも成果を上げるための条件を全て満たしているとは言えませんが、必要条件の1つであることに異論を挟む余地はないと思います。

もう少しわかりやすく説明しましょう。

会社の戦略を考える上で、「組織を一体化しよう」、「成果を上げよう」といったかけ声が上がることがあるかもしれません。

しかし、「ではそのために何をすべきか」を具体化しようとすると、直接的に効果がある行動案はなかなか出てこないものです。

「やったほうがよいこと」はいくつも出てくるかもしれませんが、組織の一体化や成果

コミュニケーションはなぜ必要か？

☆ゴール　成果を上げること

↓

そのために…
組織を一体化する

↓

そのために…
縦横のコミュニケーション活性化

↓

そのために…
コミュニケーションの機会（＝量）を増やす

成果を上げるためには、円滑なコミュニケーションが必須！

（にも関わらず、実践できない組織がほとんど）

に直結するとは言いきれないことが多いのではないでしょうか。

それと比べると、**「縦横のコミュニケーションを円滑にする」ために、何をすべきかという問いかけのほうが、より直接的に効果が出る行動をイメージしやすい**のではないでしょうか。

縦のコミュニケーションを円滑にするために必要な行動は、上司と部下が会話をする時間を増やす（確保する）ことですし、横のコミュニケーションを円滑にするために必要な行動は、部門を超えたメンバーが会話をする時間を増やす（確保する）ことですね。

このように整理すると、極めてシンプルな話です。

シンプルかつ重要なことができない現実

しかしながら、この極めてシンプルな話が、多くの会社でなかなかできていないという現実もあります。

上司と部下の縦のコミュニケーションにおいて、よく出てくるテーマとして、仕事をうまく進めていくためには「報連相を徹底すること」があります。

これは、報告、連絡、相談を適切なタイミングで実施することですが、よくよく考えてみると**極めて当たり前の話**です。

ところが、この当たり前のことが徹底できない組織が意外に多いこともあり、「どうやって報連相を徹底するのか」といったテーマで書かれているビジネス書が数多く出版されていたりするわけです。

部門間の横のコミュニケーションについても同様です。

コンサルタントが新たにお付き合いを始めるクライアントに対しては、現状を把握するために各部門のインタビューを実施します。

すると、たとえば開発系の部門が「営業がだらしないから業績が上がらない」と言う一方で、営業系の部門は「競争力の高い製品がないから業績が上がらない」というように、業績低迷の要因はほかの部門にあるという話が多くなる傾向にあります。

他部門に責任を転嫁してしまって、自部門は責任逃れしようというスタンスに受け取れるかもしれませんが、決してその限りではありません。

多くの企業で一定の社員教育が展開されている現状を踏まえると、「他責ではなく自責で考えることが大切である」ことぐらいは、多くの方が理解しています。そう考えると、先のコメントは言わば本音として発言されていることが多いのではないかと思うのです。

同じ会社に所属しているとはいえ、ほかの部門がどうやって業務を進めているかまでは把握できていないケースのほうが圧倒的に多いかと思います。

それゆえに**「自分たちの部門はがんばって仕事しているのに、会社の業績は上がらない＝その原因はほかの部門にあるとしか答えられない」**となる、つまり決して責任逃れをしている認識はないわけです。

さらに言うと、当事者もなぜこのような思考になるのか、その理由をわかっています。

なぜならば、「あなたの会社における問題点は何ですか」という質問に対して、「部門間の壁が高くてコミュニケーションが取れていない」という返答が、多くの方々の声として上がってくるからです。

読者の皆さんにも思い当たる節があるかもしれませんが、これは多くの会社において見られる傾向です。

つまり、**部門間のコミュニケーションは大切なことだと、誰もがわかっていながらも多くの組織ができていないという現実**があるわけです。

これらの事象を踏まえると、上司と部下の縦のコミュニケーションにしろ、部門間の横のコミュニケーションにしろ、実はそう簡単に解決できる課題ではないと認識したほうがいいと言えるでしょう。

○……「会話の時間をつくる」だけでも心理的障害が発生する!?

とはいえ、奇妙な話だと思いませんか。

「コミュニケーションを取る」という行動自体、特に難易度の高い話ではありません。縦のコミュニケーションであれば上司と部下が、横のコミュニケーションであれば異なる部門のメンバーが、まずは**「会話をする時間をつくる」というだけの話**です。

ところが、組織として動くという前提の中で、その単純な行動を阻む心理的障害がた

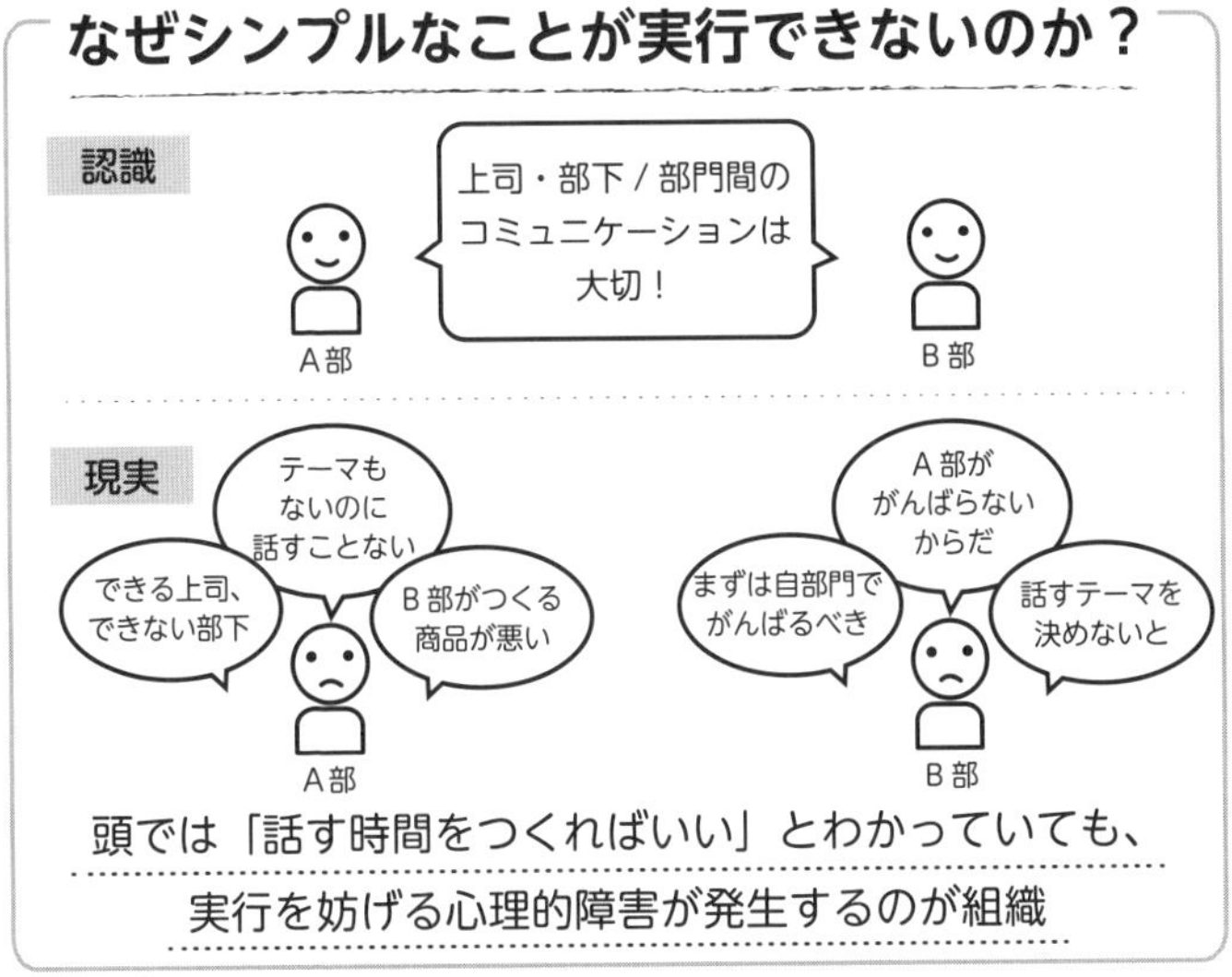
なぜシンプルなことが実行できないのか？
認識
上司・部下／部門間のコミュニケーションは大切！
A部
B部
現実
テーマもないのに話すことない
できる上司、できない部下
B部がつくる商品が悪い
A部
A部ががんばらないからだ
まずは自部門でがんばるべき
話すテーマを決めないと
B部
頭では「話す時間をつくればいい」とわかっていても、
実行を妨げる心理的障害が発生するのが組織

くさん出てくるのでしょう。

目標を達成するために、仕事上の問題を共に解決すべき上司と部下が、「できる上司（部下）」「できない上司（部下）」と個々の能力を評価してしまうことで**協力関係を築くことができなかったり。**

仕事をうまく回していくためには、ほかの部門ともコミュニケーションを図るべきだと頭ではわかっていながらも、「まずは自部門で与えられた役割を全うすべきだろう」という**正論っぽい意見でその場がつくられなかったり。**

「忙しい中で時間を取るのなら、お互いに有意義な時間にしなければならないが、どんなテーマで議論するんだ」といった主張が出てきて、「それが決まらないなら集まる意味もないだろう」と、**結局その場をつくる前に雲散霧消してしまったり。**

単純に「会話をする時間をつくる」という話が、なかなか前に進められない、これは組織が抱える課題であり、把握しておくべき特性かもしれません。

フラットな関係で行なうからこそ得られるもの

ここまでのことを踏まえても、5S活動は、このような組織でこそ効果をもたらすものだと言えるでしょう。

5Sは、上司や部下といった立場は全く関係ありません。

それぞれの部門の目標や役割とも全く関係ありません。

要するに、極めてフラットな関係の中で進められるということです。

なおかつ、**個々人でがんばったところで全体の5Sレベルは上がらないので、協力しながら進めていかざるを得ません。**

また5S活動自体、本来の業務とは少し離れたところでの活動と言えるので、上司と部下の縦の関係や、部門間の横の関係のような組織特有の緊張・警戒感にとらわれない状態

5Sがもたらすコミュニケーションの変化

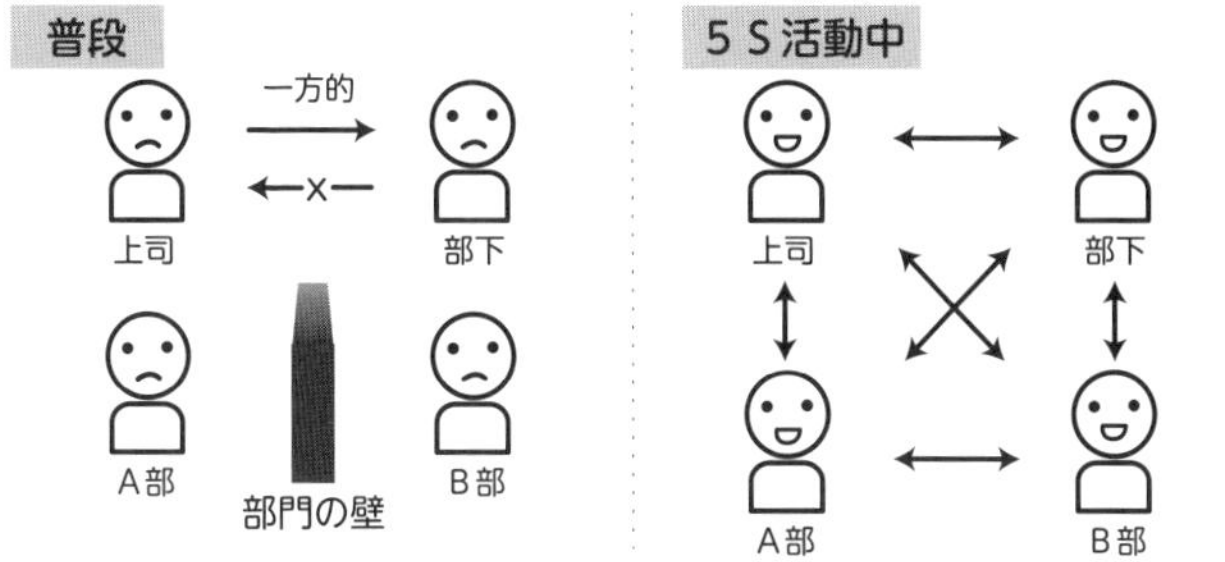

5S活動中はフラットな関係で進められるので、
組織特有の緊張感・警戒感を抱かなくてすむ
↓
会話をする時間が増える
↓
仕事中も会話をする機会が増える
↓
本音を言い合える組織に成長！

をつくりやすいのではないかと思います。

その結果、5S活動を通じて「会話をする時間が増える」ことが大切であると言えるでしょう。

「会話をする時間が増える」ことによってクセづけられる**「会話をする習慣」は、5S活動だけにとどまらず、必ず本来の業務においても徐々に活かされます。**

その蓄積が、かつては「こうすればいいのに」と思っていても口に出せなかった環境から脱却して、当たり前に本音を言い合える組織への成長につながるのです。

冒頭で「円滑なコミュニケーション」が重要だと申し上げたのは、こうした理由があるからです。

企業の回復に特効薬などない

企業再生やV字回復という言葉が一般的なものとして認知されるようになって久しいですが、実際にこれらを成し遂げた企業において、ウルトラCと呼べるような特効薬があったわけではありません。

かつて成功事例として取り上げられた日産自動車、最近では日本航空なども、そもそも社内に眠っていた「本当はこうすればいいのに」があったのではないでしょうか。

確かに、再生スキームの中で着々と行なわれる負債圧縮や資金注入が不可欠だったことは間違いのない事実ですが、それが全てではありません。

当時の自動車業界にしても、最近の航空業界にしても、**外部環境が大きく好転したという事実はなく、再生を果たした要因は社内の改革にこそある**のです。

だからこそ、「縦横のコミュニケーション」と、それを通じて「本当はこうすればいいのに」が当たり前に出てくる環境づくりを〝中間目的〟とした5S活動、このロジックを念頭に置いて取り組んでもらいたいと思うのです。

3

中間目的③ 価値観の共有

○……パフォーマンスが上がる魔法の言葉

価値観という言葉は、人によって様々な定義があるかと思います。

たとえば、男女間の結婚の理由で「同じ価値観を持っているから結婚した」ということもあれば、離婚の理由としても「価値観が合わなかった」という話を聞いたりします。

この場合の価値観とは、物事を評価する基準、何にどういう価値を認めるかという判断基準、といった定義で、もちろん人によって異なるわけです。

そう考えてしまうと、会社という様々な人間で構成されている組織においては、**価値観の共有などそもそも難しいということになってしまいます。**

決してそのような難しい話としてではなく、ここで定義したい価値観とは、組織における普遍的価値観として、どんな会社にも持っておいてもらいたいものです。

組織で持っておきたい価値観

個人の価値観は人それぞれだが、組織が大切にすべきものは以下の２つ

□「ありがとう」　感謝の気持ち
□「For you」　思いやりの心

この２つを重要だと認識し、行動で示すことに意味がある

・「ありがとう」という感謝の気持ち
・「For You」思いやりの心

この２つが、組織において極めて大切なことだと認識し、行動で示すことにこそ価値があるという考え方に異論を唱える方は恐らくいないでしょう。

ただし、大切なことだと認識してはいるものの、行動で示すのはなかなか難しいという状況に、多くの会社が陥っているように感じます。

これは大変もったいない話ですね。

たとえば「ありがとう」という日本語は「魔法の言葉」などと言われたりもします。

なぜならば、「ありがとう」と言われた人は当然気分がよくなりますが、**一方で「ありがとう」と言った人も気分がよくなるという効果がある**からです。

なぜ気分がよくなることが大切なのか、おわかりでしょ

うか。

そのほうが行動の質、つまりパフォーマンスが上がるからにほかなりません。

○……プロスポーツ選手も実感する「ありがとう」のパワー

現在、イタリアのインテルというクラブに所属し、日本代表にも選出されている長友選手をご存知でしょうか。

インテルは、サッカー選手であれば誰もが憧れるビッグクラブであることから、長友選手が活躍すれば、すぐにニュースでその情報が伝えられます。

ところが、入団当初はそのプレッシャーからなのか、長友選手いわく「周りが全く見えない」状況に陥ってしまったそうです。

当然、プレーの質が落ちてしまい、地元のスポーツ紙等でかなり酷評されました。

メンタル面の強化が必要だと考えた長友選手は、常に訓練できるメンタルトレーニングの手法として「感謝する」ことが重要だと知り、**日々の生活の中で常に「ありがとう」や「ありがたい」と「感謝する」姿勢を持ち続けることを実践した**そうです。

それは、特別難しいことではありません。

日々の食事をするとき、今日も元気だと思ったとき、声をかけられたとき、つまり日常の些細な瞬間に「ありがとう」や「ありがたい」を考えるだけの話です。

これを繰り返すことで、**ある試合から「冷静に周りを見ることのできる」自分を実感し、その時点から飛躍的にプレーの質が上がった**そうです。

「え～、本当にそんなことでいいプレーができるようになったの？」と疑問に思われる方もいらっしゃるかもしれません。

しかしながら、これは長友選手自身が語っていることであり、彼のプレーが明らかに変わったことは事実です。

ただ1点、勘違いしていただきたくないのは、**メンタルを鍛えて突然サッカーがうまくなったという話ではありません。**

もともと持っているはずなのに出せなかった力を、100％発揮できるようになったと理解するのが正しいでしょう。

メンタル面が行動に与える影響は、私たちが考える以上に大きいということです。

常に結果を求められ、プレッシャーにさらされるプロスポーツの世界においては、かなり以前からメンタル強化の必要性が認識されています。

「ありがとう」の効能

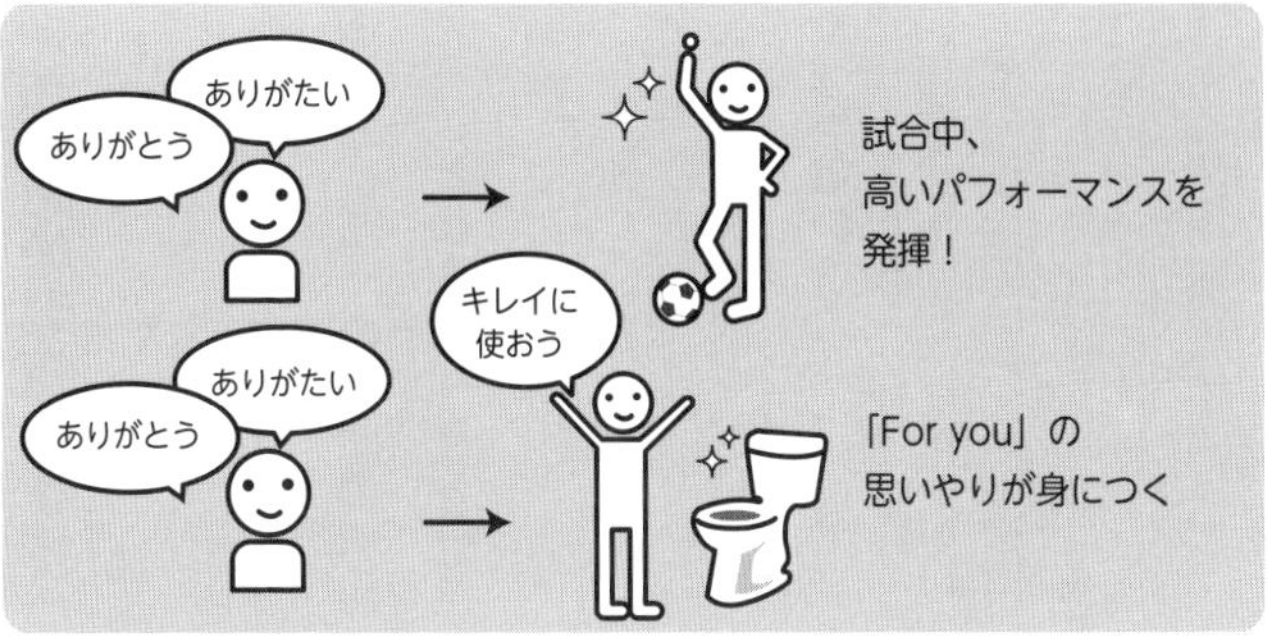

感謝の気持ちを持つことで、パフォーマンスは向上し、
思いやりを持って行動できるようになる

そのためのコーチを雇う人もいるぐらいです。

そう考えると、**「ありがとう」や「ありがたい」という感謝の気持ちがメンタル面にもたらす効果**、そしてそれが実際のプレーにも影響することを理解できる方々がプロスポーツの世界には数多くいらっしゃるということでしょう。

だからこそ、インテル入団当初のパフォーマンスに思い悩んだ長友選手は、メンタルを鍛える必要性に気づくことができたと言えます。

そして、本気で「ありがとう」の感謝の気持ちを日々鍛えることに努め、「ありがとう」という感謝の気持ちを心の底から持てるようになり、本来の力を発揮できるメンタルを持てるようになったのです。

感謝の気持ちを持つと行動が変わる

このように、「ありがとう」の感謝の気持ちによるメンタル面への効果は、自らの行動面のパフォーマンス向上に確実につながりますが、それだけではありません。

「ありがとう」の感謝の気持ちは、先ほど示した「Ｆｏｒ ｙｏｕ」、思いやりの心を鍛えることにもつながるのです。

〝清掃〟でよく話題に上るトイレ掃除ですが、実際にトイレ掃除をしている人に対する「ありがとう」の感謝の気持ち、皆さんは心の底から持てていますか？

あえてこの質問を投げかける理由は、誰もが口先では「もちろん、ありがたいと思っていますよ」と言うような話だからです。

実際、心の底から「ありがとう」の感謝の気持ちを持っている人は、決してトイレを汚すような使い方をしません。

「仮に汚してしまったときは、すぐに自分で掃除する」ぐらいの気構えは持っており、だからこそ、そもそもそうならないような使い方をするのです。

なぜならば、「汚してしまったら、イヤな気持ちになるだろうな」とトイレ掃除をする人の気持ちを考えられるし、「掃除にも時間がかかるだろうな」と作業が大変になることにも思いを寄せられるからです。

朝、ちゃんと挨拶していますか？

筆者が講演等の場でよく出す事例として、オフィスビルの朝の出勤風景があります。

複数の会社が同居する大型オフィスビルの場合、ビル運営会社に雇われている警備員が常駐しており、出勤してくる入居会社の社員に対して「おはようございます」と挨拶している〜のを見かけますが、警備員に挨拶を返している方はほとんどいません。

同様の光景が色々なオフィスビルで見られるわけですが、この**挨拶すら返さない方々に「ありがとう」の感謝の気持ちはないだろうと思ってしまいますし、ましてや「Ｆｏｒ　ｙｏｕ」の思いやりの心があるようには思えない**のは、筆者だけでしょうか。

試しに、ビデオカメラ等で撮って見てみるとより客観的に捉えられますが、挨拶をする警備員を無視して通り過ぎる社員の映像は、ある種異様な光景のようにも思えます。

「別に自分の会社が頼んでる警備会社じゃないし」

「警備員の挨拶もやや機械的で気持ちが込もっているわけじゃないし」

挨拶にも表れる「ありがとう」と「For you」の心

単なる挨拶１つでも、気持ちを込めて返せば、
その後の仕事のパフォーマンスが上がる

このような異論反論の声もたくさん聞いてきましたが、そんなことを言うようでは、〝本気の〟〝心の底からの〟「ありがとう」の感謝の気持ちには到達できません。

「挨拶をされたら返すのは当たり前」。

これは、私たちが子どもの頃、両親や周囲の大人から教わったことであり、大人になった今、子どもたちに当然のこととして教えている、**人としての基本**ですよね。

機械的な挨拶は、誰からも挨拶を返してもらえなくても仕事として挨拶しなければならない警備員の憤りだとは考えられないでしょうか。

常日頃から「ありがとう」の感謝の気持ちを持ち、行動に示すことを実践できている人は、当然「For you」の思いやりの心が鍛えられていますので、たとえ仕事であろうとも挨拶をしている警備員に対して、いつもご苦労様の気持ちを込めて「おはようございます」と挨拶を返すでしょう。

1人でも多くの方々から挨拶を返してもらえれば、当然警備員も気分がよくなるでしょうから、気持ちを込めた挨拶に変わるという効果をもたらすはずです。

単に挨拶の話をしているに過ぎないわけですが、「ありがとう」の感謝の気持ちを持って実践するだけで、実は挨拶をする側もされる側も気分がいいわけです。

ということは、この**単なる挨拶という行動が、その後の仕事のパフォーマンス向上にも十分つながるものである**ことを、私たちは認識しなければなりません。

5Sの最後に〝躾〟というキーワードがありますが、これは、5S活動を通じて鍛えられる「ありがとう」の感謝の気持ちと、「For you」の思いやりの心によって組織に浸透していくものだと思います。

〝躾〟けられた社員が集まっている会社は、自分自身はもちろん、他人のパフォーマンスさえも上げられる環境が整っている、だからこそ「5Sを徹底できる会社はすべからく儲かる」が成立するのではないでしょうか。

4 中間目的④ 組織的なパフォーマンス向上

100％の力を出すフロー化

前項で触れた「組織的なパフォーマンス向上」について、もう少し説明しておきたいと思います。

5S活動によって鍛えられる「ありがとう」の感謝の気持ちと「For you」の思いやりの心は、それを実践する自分自身をフロー化します。

〝フロー〟というのは、筆者がスポーツドクターの辻秀一先生に教えていただいた概念で、**「揺らがず・とらわれず・気分のいい状態」**を指します。

プレッシャーで心が揺らいだり、結果にとらわれてしまうあまり、力を出し切れないことが多いスポーツの世界では、多くの選手が常にフロー化できるように努力しているそうです。

フロー化のメリット

ミスしちゃったなぁ……
仕事の成功率
褒められた。よし、がんばろう！

勝負の瞬間に最大のパフォーマンスが出せる心の状態をつくる
＝
フロー化

先ほど例にあげた長友選手も、〝フロー〟という言葉は出していませんでしたが、取り組んでいたのはまさに自分の心の状態をフロー化することだと言えるでしょう。

また、かつて米国挑戦の際、長期のスランプに陥っていたプロゴルファーの宮里藍選手も、スランプを脱出するきっかけはメンタルトレーニングによるフロー化でした。

いざというときに力を出せるか

〝フロー〟の中で筆者がもっとも気に入っているのは、「結果を出すためには、結果にこだわらず**勝負の瞬間に最大のパフォーマンスを出せる心の状態をつくる**」という考え方です。

ビジネスにおいても全く同じ理屈が通用する

と思いませんか。

何かしらのミスをしてしまい、あまり気分が乗らないまま営業先に訪問する場合と、上司に褒められて上機嫌で営業先に訪問する場合を比較すると、当然後者のほうが面談時に高いパフォーマンスを発揮できる、つまり受注できる可能性が高いわけです。

このこと自体は、考えてみると当たり前の話ですが、では何か対応策を打てているかというと、なかなか難しいのではないでしょうか。

気分が乗らないから訪問しないという選択肢も取りづらいし、**急に上機嫌のときの心の状態をつくることもできない**からです。

だからこそ、〝フロー〟という考え方を理解し、5S活動を通じて鍛えられる「ありがとう」の感謝の気持ちと「For you」の思いやりの心が、フロー化につながることを理解してもらいたいのです。

挨拶ができる上司の元なら、部下も実力を発揮できる

先ほど、オフィスビルの朝の出勤風景と題して挨拶の事例を出しましたが、これは社内の話に置き換えても十分当てはまると思われた方も多いのではないでしょうか。

たとえば、容易に想像できるのは、若手社員が挨拶しているにも関わらず、うなずく程度で挨拶を返さない上司、あるいは暗い（怖そうな感じの）挨拶を返している上司です。

まさか、そうしたほうがより上司としての威厳が保てるなどと考えているわけではないと思いますが、**このような対応をしていて、若手社員のパフォーマンスは上がるでしょうか。**

たかが挨拶だと思われるかもしれませんが、若手社員のフロー化を考えるのであれば、当然挨拶は返すべきですし、ただ返すのではなく、今日もがんばろうという気持ちの入った挨拶をしたほうがいいことは明らかです。

挨拶がよければ成果が上がるとは言いませんが、**上司が部下の心の状態を気遣いながら、パフォーマンスを上げやすい状況をつくる意識がある組織のほうが、成果を上げやすいことに疑いの余地はありません。**

その気遣いが、挨拶1つにも表れてくるということです。

よって、挨拶がしっかりしている上司は、当然ながら、部下を叱らなければならない場面でも、その気遣いが感じられるはずです。

部下の性格、もともと信頼関係を築けているか否かなどを見極めながら、叱り飛ばす

なぜフロー化にこだわるのか

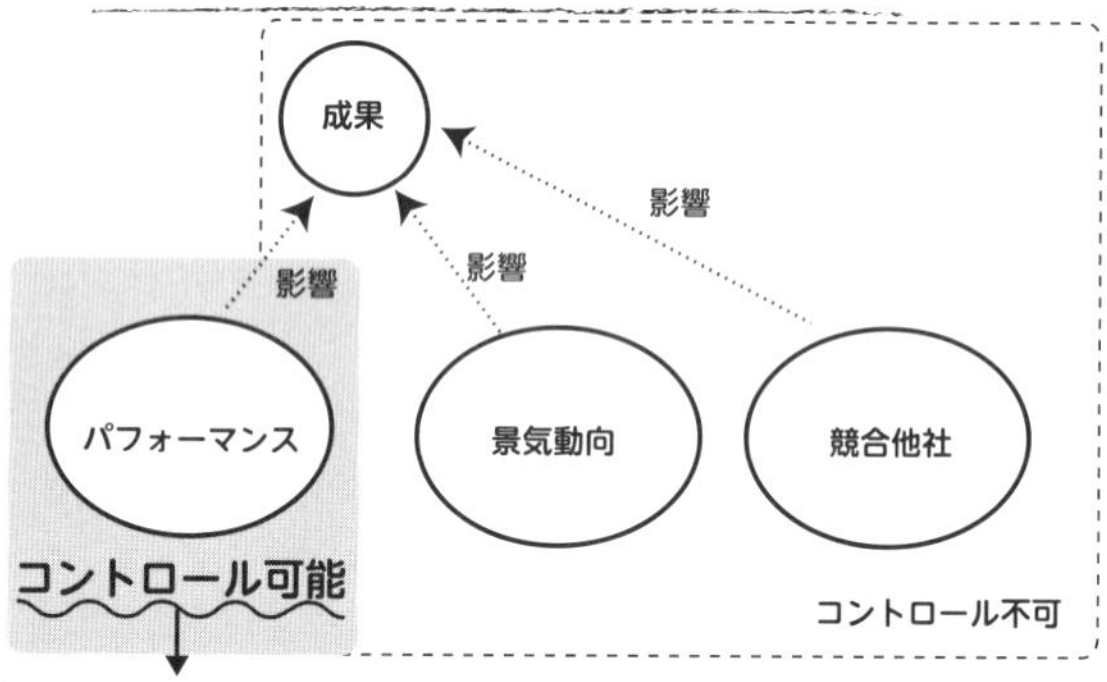

だからこそ、安定した成果が出せるよう、揺らがず・とらわれず・気分のいい状態をキープする！

のか注意を促す程度にとどめるかを決めるでしょうし、叱った後にすぐフォローするのかしばらく放っておくのかを決めるでしょう。**感情にまかせて叱った結果、部下のパフォーマンスが低下してしまい、さらに結果が出なくなるようでは全く意味がない**ことを認識しているからです。

パフォーマンスにこだわるわけ

何度もパフォーマンスという言葉をくり返していますが、なぜパフォーマンスに着目するのか、おわかりでしょうか。

パフォーマンスをわかりやすく表現すると、「行動の質」ということになります。

「行動の質」を上げるために必要な要件を考

えると、どんな心の状態で行動するのかが極めて重要であることはご理解いただけたことと思います。

そもそもビジネスにおいては、成果を出すことがもっとも重要であることに異論を挟む余地はありませんが、成果が必ず出せるものかというと決してそうではない、つまりコントロールできるものではありません。

もちろん、成果を出すために最大限努力するわけですが、景気の動向や競合企業との競争など、影響を受ける因子が数多く存在します。

一方、心の状態は、過去の経験から考えるとコントロールできないもののように感じるかもしれませんが、**「揺らがず・とらわれず・気分のいい状態」をキープすることに関しては、十分コントロールできるものです。**だからこそ、パフォーマンスにこだわるわけです。

このパフォーマンスが、５Ｓ活動を通じて高められることを、ぜひ頭に入れておいてください。

そして、そのパフォーマンスを支えるメンタルのフロー化は、「ありがたい」の感謝の気持ちと、それによって芽生える「Ｆｏｒ　ｙｏｕ」の思いやりの心がベースになるのです。

5

中間目的⑤　基本レベル向上サイクルの定着

○……レベルの高いことまで「当たり前」にしてしまう

これまで説明してきた、５Ｓ活動の中間目的である４要素は、突然ハイレベルな状態に到達できるわけではありません。

当たり前の話ですが、**日々の積み重ねで力をつけていくしかない**のです。

そこで必要になるのが、これから説明する中間目的、「基本レベル向上サイクルの定着」です。

基本中の基本と言われるようなことを当たり前にできるようになれば、**さらにレベルの高いことに挑戦でき、そのレベルの高いことをも当たり前にしてしまう**ことが、基本レベル向上サイクルの意味するところです。

これを５Ｓ活動の中で定着させることができれば、当然、その習慣は普段の業務においても効果をもたらすことにつながる、つまり成果がついてくることになります。

組織的に基本レベルを上げていくためには、「考えたことや学んだことをその都度明確にする」→「それを実行する」→「実行したことを体感する」→「体感したことを共有する」、このサイクルをくり返す必要があります。

ところが、得てして組織はこの当たり前のサイクルを回せていません。

特に難しいのが「体感したことを共有する」ステップです。

そもそも、**実際の業務に必要なコミュニケーションすら満足に取れていない中で、5S活動で体感したことを共有するコミュニケーションにまで手が回らない**ということになりがち、というのは容易に予想できることでしょう。

しかし、その共有の場が持たれないと、その前の「実行したことを体感する」ステップにおいて自分自身と向き合うことさえも疎かになり、結果として単に「実行する」ステップでとどまることになってしまいます。

これでは、基本レベルの向上は望めません。

基本レベル向上を図るには、「体感したことを共有する」ステップを踏むこと以外に

言葉の意味にこだわる

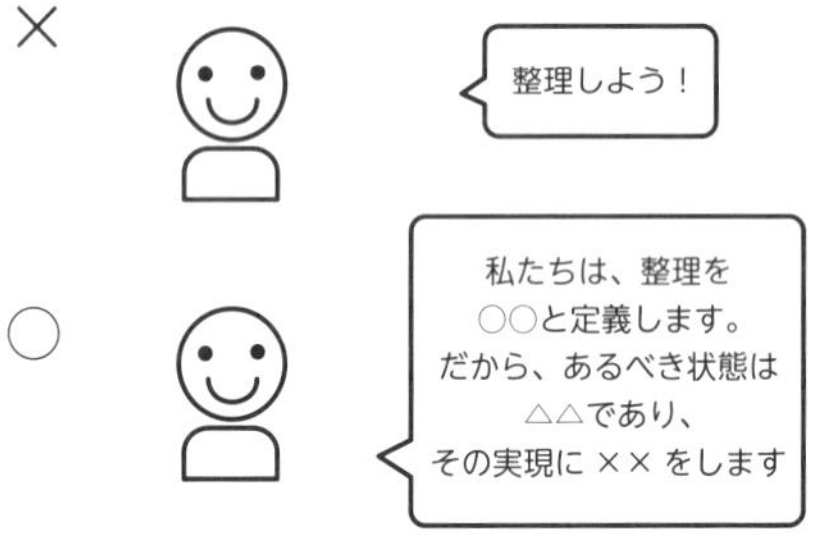
×
整理しよう！
○
私たちは、整理を
○○と定義します。
だから、あるべき状態は
△△であり、
その実現に ×× をします

それぞれの言葉に自分たちなりの意味を込めることで、
どう行動すべきかが見えてくる

方法はありませんが、決して難しいことではありません。

単純に時間をつくるだけの話です。

本気度は言葉に表れる

特に意識してもらいたいのは、この「体感したことを共有する」をくり返すことで培われる〝言葉へのこだわり〟にこそ、大きな価値があるということです。

人は、本気でやろうと思ったり、本気で伝えようと思うと、必ず言葉にこだわるようになります。

たとえば、「ウチの会社は営業力が弱いから営業を強化しよう」などと言っている間は、恐らく本気で営業強化しようとは考えていません。

仮に本気ですなどと口で言っていても、**具体的な打ち手が見えてこない限り、本気のレベルに達していない**ということです。

本気の人間は、「営業力が弱い」とは具体的にどういうことなのかをとことん突き詰め、強い状態に変化させるための打ち手を見出します。

つまり、言葉へのこだわりが、質の高い行動につながるということであり、だからこそ基本レベル向上につながるというわけです。

それぞれのSについて自分たちなりに考えよう

5Sを言葉にすると〝整理〟〝整頓〟〝清掃〟〝清潔〟〝躾〟と誰にでも意味のわかる普通の言葉です。

大切なのは、自分たちが取り組むべき5S活動として、基本レベル向上サイクルを回しながら、それぞれの言葉に、自分たちなりの意味を込めていくことなのです。

たとえば、〝整理〟1つ取ってみても、「私たちは〝整理〟を○○と定義します。だから、あるべき状態は○○な状態であり、それを実現するために○○な活動をしていきます」

といったことを、日々のコミュニケーションを通じてつくっていくということです。

よって、**とことん言葉にこだわること、言葉の意味を考え抜くこと、ここに時間をかけることが5S活動の成功に不可欠**なのです。

たとえばトップアスリートとして君臨している（きた）プレイヤーは言葉を大切にしていると思いませんか。

現役大リーガーのイチロー選手は、TVでインタビューに答えているときも慎重に言葉を選んでいる様子が伝わってきますね。

『夢をつかむイチロー262のメッセージ』（『夢をつかむイチロー262のメッセージ』編集委員会著、ぴあ、2005年）を読んだときにも感じましたが、トップアスリートならではの数多くのメッセージがあります。

つまり、**言葉へのこだわりを持っている**ということです。

イチロー選手のコメントの中でも、とりわけ私の記憶に残っているのは、「目標に向かって準備するだけです」や「もう準備はしてきたのでどんな結果を残せるのかが楽しみです」に出てくる〝準備〟という言葉です。

イチロー選手の〝準備〟には、「もうこれ以上すべきことは何一つない、不安に思う要素も見当たらないぐらいやり抜くこと」という意味が込められていると思うのです。

だから、イチロー選手が口にする〝準備〟の意味は重いですし、込めた意味の通りに徹底した〝準備〟を行なっていることが想像できます。

言葉の意味を考え抜き、行動に移すことをくり返す

サッカー日本代表の本田選手も、言葉にこだわる選手ですね。

2013年6月のオーストラリア戦で日本代表はワールドカップ出場を決めましたが、その直前、ブルガリアとの親善試合では0－2で敗れていました。

本田選手は所属するクラブチームの都合で試合に出場しませんでしたが、ロシア現地で会見を開いてこんなコメントを残しています。

「気は緩んでない、と思っていても、あるいは口に出しても、気が緩んでしまうのが人間。だから、本当に気が緩んでいないのかを自分に問いかけ続けるしかない。やり残していることはないか、もっとできることがあるんじゃないか。自分と向き合い、自分に問いかけ続けるしかない」

やはり、自分がどう行動するかを決める上で、言葉の持つ意味を徹底的に考えており、

それを確実に行動に移すことを自らに課しているわけです。

言葉の意味を考え抜くからこそ、どう行動すべきかが見えてくる、恐らくそんな主張を持っていることが伝わってきます。

イチロー選手にしても本田選手にしても、仮に結果を出せなかったときに、口が裂けても「準備不足だった」とか「気が緩んでいた」とかいうコメントをするような自分ではいたくない、という強い思いを確実に持っていますね。

いきなりここまで高い意識を持つことは難しいかもしれませんが、組織で5S活動に取り組むのであれば、コミュニケーションをくり返しながら、質の高い行動のために言葉にこだわることを習慣化してもらいたいと思います。

その**サイクル定着は、確実に基本レベル向上につながる**ものです。

この章では、5S活動の〝中間目的〟についてお伝えしてきました。

「5Sを徹底できる会社はすべからく儲かる」というイメージは理解できるけれども、実際にやってみると継続が難しい、と思っている方々には、ぜひともこの〝中間目的〟達成を意識することで、5Sを力強く推進してもらいたいと思っています。

第4章
「5Sの中間目的で5Sを完遂」の
ポイント

□ 5Sと儲かることのイメージが遠いからこそ、5つの中間目的が必要。しかも、この中間目的こそが、5S＝儲かることの真髄でもある

□ 判断基準が共有されれば、自分の頭で考え、行動できるようになる

□ 5Sはしがらみが一切ない関係で行なうからこそ、コミュニケーションの機会が生まれる

□ 円滑なコミュニケーションは本音を言いやすい環境をつくり、組織が変わる

□「ありがとう」For You」の心が、常に一定のパフォーマンスができるフロー状態をつくる

□ 挨拶1つでも部下のパフォーマンスが変わる。パフォーマンスは自分たちの力で変えられるものだからこそ、小さなことにも気を配ろう

□「実行→体感→体感の共有」のくり返しで、基本のレベルは上がっていく

□ 言葉にこだわることで行動の質も変わる。1つひとつの言葉の意味をじっくり考えよう

第５章

これでバッチリ！
５Ｓのコツ

ここまでで、どのような心持ちで５Ｓに取り組めば継続でき、成果を出せるのかおわかりいただけたでしょうか。

第５章では、具体的な５Ｓ実践ノウハウをみっちり解説いたします。

少ない手間で綺麗に見せる清掃の仕方、整頓の方法などすぐに活かせるノウハウがたっぷりです！

会社の雰囲気は評価に直結する

会社も見た目が8割？

ここまで5S＝儲かることの理由を見てきました。

第5章は実践編になりますが、5Sを実践したら何が変わるのか、イメージできるでしょうか。

それは、その会社とそこにいる人が発する「空気」と言えます。

空気と言うと、抽象的でわかりづらいかもしれませんが、会社に1歩足を踏み入れたときの印象と言えば伝わるでしょうか。

たとえば、初めて訪問する会社で、いざ現地に着いてみたらボロボロのビルで、事務所もなんだか雑然として、働いている人もどんよりと元気がない……なんてことがあれば、帰り際には絶対に**「この会社、大丈夫かな」と思うはず**です。

逆もまたしかりで、新築とまではいかなくとも、掃除が行き届いていて清潔感があり、働いている人もいきいきとしている会社なら、「ここなら大丈夫だ」と安心するでしょう。

つまり**「自分たちとその仕事場」は、顧客から評価の対象となっている**わけですね。

「いやいや、仕事さえきちんとしていれば、評価してもらえるはず」なんて思われる方もいるかもしれません。

では、もしあなたがどこかの会社を訪問したときに、汚いオフィスで、しかも受付には誰もおらず、15分も待たされた……なんてことがあったらどうでしょう。

どれだけ仕事の出来がよかったとしても、1度抱いた不安というのはそう簡単には拭えません。

何かあったら「やっぱりな」と思ってしまうはずです。

そう考えると、会社自体が1つのメディアだと考えることができます。

訪れた人に対して、どんな印象を与えるかによって、会社の評価が変わるわけです。

会社として、

人にいい印象を持ってもらう。

人に信頼してもらう。

人に心地よくなってもらう。安心してもらう。

ということは、仕事を円滑に進める上で欠かせないものであり、本来はできて当たり前、のことです。

社会人の基本として「見た目は大事」ということはよく言われますが、会社とて同じだ、というわけですね。

○……今や会社が汚いことはリスクになり得る

あなたの会社には、毎日何人の人が訪ねてきますか?

仕事上の顧客だけでなく出入り業者、荷物の配達員、入社希望者、道を訪ねる人まで様々だと思います。

現在ではBtoBからBtoCに転換する企業も増え、**誰もが顧客になり得る可能性を持っています。**

おまけに、今や自分が感じた主観的な印象を、実名も交えて自由に発信できるメディアを個人が持っている時代です。

仮に会社・社員を通じて「乱雑」「不安」「不信」などの悪い印象を与えてしまったら、そのようなツールで悪い情報が瞬時に広がるリスクがあります。

職場を綺麗に保つのに、特別なコストは必要ありません。

設備投資も、長期間の研修も不要です。

組織のリーダーが率先垂範し、楽しく習慣づける。その地道な努力で「清潔」「安心」「信頼」という大きな価値を直接、しかも常に発信することができるのです。

これから、その方法をお伝えしていきましょう。

1

躾① やらない理由を1つひとつ潰していく

○……気合いではどうにもならないことがある

一般的な5Sとは順番が違うかもしれませんが、より実践でお役に立てるよう、本書では躾からご説明させていただきます。

躾と言うと、「知っている人に会ったら挨拶する」「ごはんを食べている最中に肘をつかない」など、いわゆるマナーのようなものをイメージされるかもしれませんが、**5Sにおける躾とは、これまで言ってきた整理・整頓・清掃・清潔を組織に浸透させること**を言います。

第3章でご説明した、「当たり前のことを当たり前にできる会社になる」ということですね。

このプロセスを通じて、有言実行の精神が芽生えるようになり、ひいては目標達成ができる組織に変わっていけます。

では、具体的にどうすればいいかと言えば、続くしくみをつくることが第一です。

5Sを始めようと言っても、

「ズボラな性格だから、なかなかできないんですよ」

「血液型がO型だから、おおざっぱで細かいことが気にならない」

「掃除とか苦手だし……得意な人がやればいいんじゃないですか」

と、性格などを言い訳にして、なかなか取り組みません。

しかも、そこで「がんばろう」と言っても、気合いだけではどうにもならないのです。

新しい行動を習慣として定着させるためには、行動を妨げる要因を取り除くしくみが必要になります。

「つらいけどがんばる」のではなく、**自然と行動できてしまうような流れをつくってあげる**のです。

子どもの頃の夏休みのラジオ体操を覚えていますか？

眠い目をこすって出かけていったのは、「健康のため」でしたか？

単に毎日カードにハンコが増えていく楽しさ、あるいは最終日の商品目当てだったという人も多いのではないでしょうか。

これが「行動を促すしくみ」だと言えます。

そして、ラジオ体操に行くのがクセになれば、早起きしたり夜更かしをやめたりと、**自分から行動を邪魔する要因を取り除くようになります。**

5Sでも同じように行動するためのしくみがあれば、最初はつらかったり面倒に感じたりしますが、次第に意識しなくても体が動き始め、心地よさやメリットを実感する頃には、5Sを忘れると居心地の悪さを感じる、と大きな変化が出るのです。

そのしくみについては、次からご説明いたします。

トップ自ら実行宣言&目に見える形で励行

まずは社長やそのオフィスの責任者が「5Sは会社の方針」だと大々的に宣言しましょう。

これは必ずトップダウンで行なわないと、意味がありません。

どちらかと言えばやりたくない人のほうが多い5Sですから、ついやらない理由を探してしまうものです。そこで言い訳をさせない状態をつくるために、**「これは会社命令である」旨を社長やトップの責任者が示す必要があります。**

また、年齢が高かったり、権限を持った社員ほど、整理整頓や清掃は女性の仕事という認識がまだまだ強いようです。

私のセミナーにきた女性社員から、「使ったものはもとに戻してくださいと何度お願いしても聞いてくれない」「『あれはどこ?』と上司に聞かれるたびに仕事が中断して困る」という悩みを多く聞きます。

「全社員が取り組むことである」というメッセージを伝えるためにも、スタート時にはっきりと「これから全社を挙げて5Sに取り組む」と宣言しましょう。**例外を認めてはいけません。**

そして、定着するまでの1ヵ月間は、朝礼、社内報、ミーティングなどあらゆる機会を活用して5Sの実行を浸透させていきましょう。

貼紙も効果的です。毎日視覚からの刺激を与え、行動を変えます。

これは、「整理整頓励行」などの漠然としたものではなく、「床にものを置かない」など、行動につながる具体的なメッセージを示します。

上司の背面、コーヒーサーバーの前など、社員が必ず何度も見る場所を選んで貼ります（もちろん、なるべく来客には見えない位置に、です）。

次に、社外に向かって「〇〇社の5Sの取り組み」として「宣言」します。

エントランスに「5S（整理・整頓・清掃・清潔・躾）本格実行宣言‼」というスローガンを貼り出すのも効果的です。

外部に向かっては、抽象的な表現のほうが品性が感じられるので、少し気をつけてください。

社外への「宣言」は、**後へは引けない状況をつくり出し、社員をやる気にさせる力を持っている**のです。

ホームページはもちろん、名刺、パンフレットなどにも明確に打ち出していきましょう。

◯「5S遂行委員長」で管理者を明確にする

5S全体の推進には社長や経営層自らが積極的に関わるべきですが、現場レベルでの管理者・リーダーが必要です。

というのも、個人のデスクは自己責任でできますが、書棚や文房具置き場、コピー機周りなどの**共用部分を見る責任者を設けないと、誰もやらなくなってしまいます。**

管理者の仕事は、全員にしっかりルールを守ってもらうことで、実働の全てを担当するわけではありません。

管理者は入社1～2年目の若手を抜擢し、「5S遂行委員長」などと名づけます。トップが社員全員の前で「任命証」を交付し、その責任と権限を明確にします。任期は半年ぐらいがいいでしょう（より多くの社員に「5S推進委員長」を体験させ、自覚を促したいからです）。

朝礼などでも定期的に状況報告や発言の機会を確保して、実際の進捗を社内全体で共有します。

仕事の上ではどんなベテラン社員も、5Sに関しては「5S遂行委員長」の指示に絶対に従わなければならない、という状態をあえてつくり出すためです。

「５Ｓ遂行委員長」任命証

あなたを○○課の５Ｓ遂行委員長に任命します。
職場の５Ｓ遂行のため、関係各署と密に連絡を取り、責任を持って企画・立案・運営に当たること。課員は上記の範囲では役職の上下に関わらず、貴殿の指示に従うことを約束します。

任期　2013年9月1日～2014年3月31日

○○株式会社
代表取締役社長
田中 太郎

任命証の発行・交付で実行確度を高める！

また、なぜ若手を抜擢するかというと、社歴が浅く、もっとも「外部の目」に近い、ということが1つあります。。

乱雑な職場環境を見て最初は唖然としたはずなのに、**「これがウチの会社だ」などと慣れてしまうと、いつの間にか「おかしい」と思わなくなってしまいます。**

そしてもう1つ、若手社員を抜擢するのは、彼らに仕事で自信を持てる機会を与えるためです。

「5S遂行委員長」に任命することで、自分が責任を持てる分野や、期待されて職場に貢献できる場を与えられて、モチベーションが上がる効果が期待できます。

ちなみにですが、神奈川県で人材派遣業を営むE社では、この「5S推進委員長」のポジションに、パートの女性社員を登用しています。

パート社員には現在主婦の方も多く、**普段から清掃・整頓に慣れている分、まさに5Sにはうってつけの人材**とも言えます。

また、このやり方を始めてからは、パート社員と正社員のコミュニケーションも格段によくなり、パート社員のモチベーションが飛躍的に向上する、という嬉しい効果がありました。

ここで紹介した形式にこだわる必要はありませんが、現場の管理者を決めることだけは必ず実行してください。

「誰が」やるのか、という責任の所在を明確にしないと、自然消滅してしまうのが５Ｓの取り組みだからです。

2

躾② 行動を促すきっかけづくり

○……全社一斉に、決まった時間に始めよう

より実行度合いを高めるためには、あらかじめ時間を設けることが有効です。**個人の裁量に任せて、となると必ず「忙しくて時間がない」と言い出す人が出てくる**ので、整理整頓や清掃のための時間を強制的に確保します。

導入の段階では、なるべく全社一斉に行なってください。「みんなで」「同じことをする」というのが1つのポイントでもあるからです。

ただ、業種や役職によっては、全社一斉にやるのが難しい場合もありますので10時、14時、17時など1日3回、1回10分程度の「5S実行時間」を設定しましょう。

あるいは「1週間で70分以上」などと設定すると、公平に無理なく続けることができますし、自分のデスク以外の公共スペースの整理整頓や清掃をした場合は、時間を2割

５Ｓ行動チェックシート

年　月　　　　　　部　山田 花子

項目＼日付	1	2	3	4	5	6	7	8	9	10	11	12	13	14	15
退社時、デスクには何も置かない						スペシャルランチ						500円のお菓子を買う			
デスクの足元に荷物を置かない															
離席時、デスクの椅子をそろえる															
もらった名刺はすぐ分類する															
毎日机をからぶきする															

増しに換算するなど工夫をすると、**貢献意欲がいっそう高まることが期待できます。**

10分以上に設定すると集中力が続かず、後半はおしゃべりタイムになる可能性があるので、日常的に行なうのであれば、10分ぐらいがちょうどいいかと思います。

ただ、最初の状態があまりにもひどい場合は、30分、1時間などまとまった時間を確保し、ある程度片づいてきたところで10分に、と減らしていくといいでしょう。

○チェックシートで楽しみながら取り組む

行動チェックシートを全社的に作成し、個人で管理させることも効果的です。

上記に見本を挙げましたが、シートの左側に、まず

「やりたい行動」を書き込みます。

「退社時のデスクには何も置かない」「離席時は椅子の脚をそろえる」など、193ページの表でご紹介しているような、単純な行動に絞ります。

途中の空欄には、あらかじめ「ごほうび」を記入します。「ランチをAにグレードアップする」など、仕事に直接関係がなくてもかまいません。毎日できたら◯をつけ、続いたら「ごほうび」を実行します。

チェックシートをつけるのは、**その日にやることが明確になり、続けやすいということと、小さな成功体験を「見える化」するので達成感を感じる**、というメリットがあります。

記録になるので他人からの評価も受けやすくなり、さらにモチベーションが上がります。

個人で活用するのはもちろんですが、「やりたい行動」の数や◯の数などを個人賞として表彰するのもよいでしょう。

また、チームを結成してごほうびを達成した人の割合などを毎週チーム対抗で競うような「ゲーム」にし、賞品を用意するのも効果的です。

「面倒だ」「イヤだ」と感じることを実行しようとする際、正論で説得しようとしてもあまり役に立ちません。禁煙、英会話の習得、適度な運動など、心当たりがありませんか？　ゲームにすると闘争本能が働き、**いつの間にか行動することが多い**ものです。「○○できなかったら△△」というペナルティではなく、ごほうびを設定するのも、楽しいことがあると続けられるからです。

3

清潔① 知っていると得するコツ

少しの労力で綺麗な状態を保つには

日々の仕事は次々に発生し続けるので、毎日整理・整頓・清掃ばかりやっていられない、というのが多くの企業の現実です。

ここからは整理・整頓・清掃で綺麗にしたところを**少しの労力でキープする方法**をお教えしていきますが、ここではまず清潔が徹底できるようになる心構えをご紹介します。

これを意識するだけで綺麗さの度合いが全然違いますし、少し気をつけるだけのことばかりなので、ぜひ社員の方全員に覚えてもらいましょう。

心がけたい意識の三原則

①見せる

オフィスは自分たちの仕事場であると同時に、来社された方に対しては信頼のバロメーターとなります。

「見られている」というより「見られたいように見せる」ようにしたいもの。

また、汚れを落とす、破損箇所を直すというのは、マイナスをゼロに戻すだけです。つまり、**マイナスの状態を知らない人にとっては当たり前のことであり、プラスに感じてはもらえません。**

相手が「おぉー！」と感動するぐらいの状態に高めるには、「見せる」意識が必要です。特に応接室が別室になっていないオフィス、ナースステーションなど、作業するところが丸見えの職場は気をつけたいところですね。

②汚さない

訪問先でコーヒーを飲むときは、かきまぜたスプーンについた液をしっかり切ってから置くなど、なるべく汚さないよう気をつけるものです。

それと同じで、職場でも汚さないように気をつけて振る舞うだけで、汚れは減ります。

靴の底の泥を丁寧にぬぐってから入る、コートのホコリを払ってから入る、缶飲料のプルトップは静かに引く、ベタベタとガラスを触らないなど、何気ないことだけでも大きな差が出ます。

③広げない

プロのシェフは、どんな狭い台所でも多彩な料理をつくります。

これは、事前に段取りをしっかり組み立て、手順も経験値によってムダが削ぎ落とされているからこそ可能なことです。

ということは、**あらかじめ段取りを考えていれば、机の上にむやみやたらとものを広げる必要はない**はずです。

そもそもその仕事に何が必要なのか事前に考えてから、本当に必要なものだけを出すようにすれば、後片づけもさっとできます。

◯……やる・やらないで大違い！　行動の三原則

①整える

多くの線が雑多な角度で入り乱れると乱雑な印象を与えます。

清潔が簡単に続くコツ

・意識の三原則

①見せる
②汚さない
③広げない

・行動の三原則

①整える
②もとに戻す
③汚れはその都度取る

少し気をつけるだけで、あとあと大きな差になって返ってくる。全社員で徹底しよう

書類の端をそろえる、書類や布の輪（折り畳まれた部分）が手前に見えるように置く、カップや文房具は無地の面が見えるように置く、扉や白い布で隠す、タオルやクッションのタグは見せない、椅子の脚は左右をそろえるなど、横の線と縦の線が直角になるように置くと美しく見えます。

②もとに戻す

これはごくごく基本的なことですが、使ったらその都度、すぐにもとに戻すことを意識しましょう。つい忙しさにかまけて出しっぱなし・使いっぱなしになりがちです。

そのうちに紛失したりして新しいものを買ったと思ったら、そのあとに出てきたり……と、ものを増やす原因になります。

③汚れはその都度取る

汚れは放置すればするほど、乾燥したり酸化したりして固くなります。固まってしまうと、専門の道具や洗剤などが必要になってしまいますが、汚れがついてすぐのタイミングなら簡単に拭き取ったりできるので、あとあとラクです。

ちなみに、下記に職場にある汚れのイメージを図式化してみました。

1番上の層Aは、新しく、まだ水分や空気を含んでいて柔らかい分、取りやすいです。水分があるということは体積も大きく目立ちます。

たとえば、天井換気口のカバー表面についたホコリ、落ちているゴミ、給湯室の排水溝のぬるぬる、パソコン周辺や四隅にたまったホコリ、ガラスについた指紋、などです。

それに対して、1番下の層Cは時間が経って水分を失い、からからに干からびて固まっている状態です。一見すると小さくて取れやすそうに見えるのですが、ふやかしたりしないと取れないので手間がか

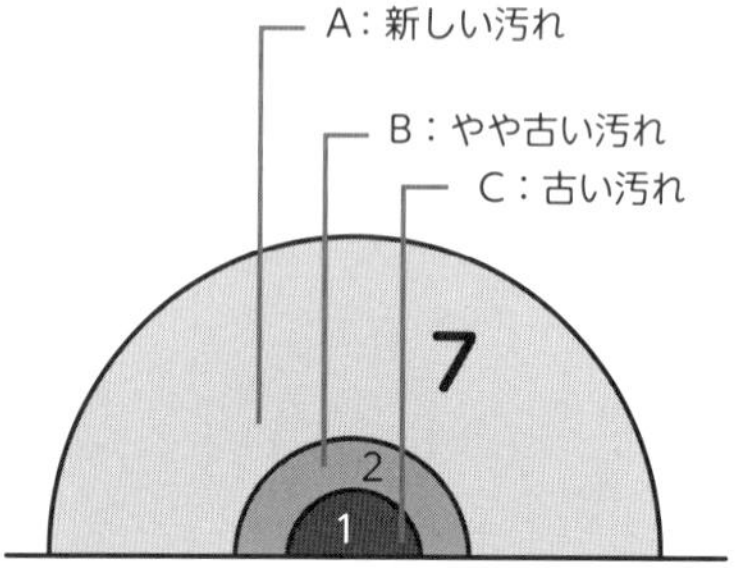

職場の汚れの大半は新しいもの！

かります。

A、B、Cの割合は、一般的に7：2：1程度で、図を見ても圧倒的にAが多いのがおわかりになるかと思います。

ということは、**大きくて目立つAを、気づいたときにさっと拭くなり掃くなりしてしまえば、思った以上に綺麗になる**、ということですね。

新しいものがきたときのルール

いったん綺麗に整理・整頓・清掃したところで、気がつけばまたどんどん散らかっていきます。

というのも、毎日新しいものが入り続けるからです。

今はどこでも、意識してものが入ってこないようにしなければ、どんどんものが増え続ける環境だと言えるでしょう。

しかし、新しいもの全てを受け入れていると、すぐにパンクしてしまいます。

特に「何かを手に入れるのに苦労した」という幼少時の記憶が残る50代、60代の社員は、この点を意識する必要があります。

そこで、以下のルールを社内で徹底しましょう。

ルール1：「簡単にものを増やさない」ことを社内で徹底する

個人の感覚に任せてものを出入りさせていると、ついつい増やしがちです。

会社全体で簡単にものを増やさない、ということを共通認識として持ちましょう。

ルール2：文具・消耗品などは発注ルールを決める

オフィスグッズの通販などでは「○○円以上で送料無料」とあるため、「どうせ使うから」「単価が安くなるから」と多めに買うことはありませんか？　少額の送料を節約したつもりでも、不良在庫が増えてしまいます。

「コピー用紙は残り2束になったら10束購入」など、発注のルールを決めましょう。

ルール3：売り込み関係のものはすぐ処分

検討する予定のない営業の資料・ノベルティグッズは、原則的にすぐ処分します。

資料は取っておいてもどんどん古くなりますし、ノベルティグッズも、特に必要なものでなければ捨ててしまいましょう。スペースの無駄です。

ルール4：新しいものは置く場所を決めてから購入する

「必要だから買う→なんとなく放置」というのは、死蔵になってしまう可能性が高いです。収納場所を決めてから購入し、「入れる→使う→捨てる」という流れに乗せます。

ルール5：郵便物・配達物は仮置きしない

仮置きすると、どこかに紛れたり、うっかり忘れたり、といった危険性があります。きたらすぐに開封し、不要なものは捨てる、会合の案内などは、開催日と返信締め切り日を手帳に転記して「要処理・検討中」のファイルに日付順に入れておきます。

以上の5つに沿って処理していけば、新しいものを増やしても乱雑な状態になることはありません。まずは社長、上司が実践して、会社全体に浸透させてください。

4 清潔② 一瞬でできる簡単テクニック

○……5秒で見違えるコツ

清潔な状態をキープするには、スタッフ各自の良識任せにせず、やることを具体的にたくさん書き出しておくことが、行動に結びつける重要なポイントです。

仕事をしながらどんなことができるか、左ページの一覧表にまとめてみました。始業前や来客前のちょっとした時間を利用すれば、かなり多くのことができるとおわかりいただけるでしょう。まとまった時間を取らなくてもいいので、実行するにもそこまで負担にならないはずです。

職場の設備や間取りによって、やるべきことは違ってくると思います。

この一覧表にアレンジを加えていただいて、各自1部ずつ持ってもらうか、貼り出すなりして共有しましょう。

5秒テクニック集

始業前

□窓を開けて空気を入れ替える
□社名のプレートを拭く
□エントランスのゴミを拾う、ドアの手アカを拭き、ホコリをはたく
□植木に水をやるときに植木鉢の泥ハネを簡単に拭く
□デスク周辺のホコリをハタキで軽く払う

仕事中

□大きなゴミを拾う
□キャビネット、パソコンの上など、平面部のホコリを指で払う
□共有のファイルや文房具の歪みをまっすぐに整える

離席時

□椅子をデスク内に納め、脚を左右対称になるようにそろえる
□短時間離れるときは、デスク上の書類の一番上を白い紙でおおう
□一定時間離れるときは、書類はデスク面下の大きな引出しに入れる

来客前

□エントランスのゴミを拾い、ドアやテーブルの手アカを拭き取る
□窓やドアを開けて空気を入れ替える（午後一番の昼食の臭いに注意）
□実際に歩きながらエントランス→応接室までの間を整頓・清掃
□応接室の来客用の席から見える範囲を綺麗にする
□トイレの床を紙で一拭きし、トイレを流しながらブラシで内側をこする
□トイレのペーパーの端を直角二等辺三角形に折る
□洗面台の水気を軽く拭き、鏡と蛇口はピカピカに磨く
□タオルがある場合は手前を長くして、軽く叩いてプレスする

退社時

□キャビネットの表面のホコリをハタキで払う
□デスクの上には何もない状態にし、ホコリを払う→水拭き→から拭き
□給湯室の排水カゴのゴミを捨て、流し台の水気を拭き取る
□（設備安全上可能であれば）トイレ、給湯室の換気扇を回す

5 整理① 職場の〝健康状態〟を診断してみよう

現状を改めて振り返ってみる

整理・整頓・清掃にかかる前に、まずすることがあります。

それは、現状の会社の問題点を発見し、自分たちで認識することです。

あなたのオフィスや一緒に働いている方を、1度見渡してみてください。

左のページに挙げたような状態になっていないでしょうか。

これは、何個チェックでアウト、というようなものではなく、**1つでもあるとアウト！**だと言えます。

私の実感だと、社歴の長い人（場合によっては役員クラス、社長も）で、業務に集中すればするほど、周りにあまり視線がいかなくなってしまって、逆に問題だと感じていないケースが多いです。

あなたの職場をチェックしてみよう

職場全体

□ 玄関マットや掲示物、額などが斜めになっていたり、破れたりしている
□ オフィス内外に、枯葉や目立つゴミが落ちていて、3日以上そのままになっている
□ 廊下、玄関脇などの壁際や窓際に紙袋や段ボール、書類などが置かれている
□ ガラスのひび割れ、ドアの外れ、カーテンの破れなどの破損箇所がそのまま
□ 受付の電話、パンフレットスタンド、案内板などに黒ずみやホコリがたまっている
□ 人の動きが遅い、バタバタしている、姿勢が悪い、話し方にリズム感がない

デスクの上

□ 帰るときもデスクの上にもの（筆立てやカレンダー）や書類、郵便物などがある
□ ものや書類が乱雑に山積みで、崩れたり、上司や同僚の顔が見えないことがある
□ むき出しのコードがホコリをかぶっている
□パソコンのデスクトップに、びっしりとアイコンが並んでいる（縦3列以上）
□ デスクの足下や引出しの前にも荷物が置いてある
□ 袖の引出しの中のものが上下に重なっていて、上から一覧できない

1つでも当てはまったらアウト！

10年単位で毎日同じ風景を見ていると、慣れるどころか「それが普通」「当たり前」になってしまって、何も感じなくなってしまいます。

もしくは、気になっていたとしても「しかたがない」「改善は難しい」と思ってしまっている人が大半でしょう。

形状記憶ウイルスにやられていないか？

先ほどのチェックリストが1つでも当てはまる職場では、「頼んだことを忘れる・忘れられる」「よく探し物をしている（パソコンのデータ、書類、ファイルなど）」「突然予期せぬことが起こってバタバタする」ということが日常的に起こっているはずです。

もちろん、誰しもミスをすることはありますが、何度か続く、という場合はかなり重症だと思ってください。

そして、そんな会社では、

・「定時」の意識がなく、残業は当然という空気がある
・来客があっても顔を上げない。「担当者まかせ」で、積極的に挨拶や案内をしない
・ビルの外やエレベーターで会う人は、自分の会社の来客とは限らないので無視

・ゴミが落ちていると「清掃担当業者のレベルが低い」と思う
・雨などでガラスが汚れているが、次に清掃担当業者がくるまでガマン
・「もっと明るく綺麗なオフィスに移ったらいい仕事ができるのに」と思う
・自分に与えられた仕事を真面目にきちんとこなすことが大切だと認識している

という思考が蔓延しているかと思います。

文字にするとこんな職場では働きたくないな、と思ってしまいますが、世の中の企業を見渡してみれば、案外多いのではないでしょうか。

第2章に出てきた〝形状記憶ウイルス〟に通じるものがありますが、これではお互いに協力して1つの目標に向かって、というのはイメージしづらくなります。

結果、各々の仕事はきちんとこなすけれども、素晴らしい成果も出ない、ということになります。

5Sは自分たちの手でやるべきことと認識する

これらの行動・心理の奥にあるのは、何かあれば「他人のせい」にする他責の意識です。

たとえば「ゴミが落ちていると、清掃担当業者のレベルが低いと思う」というのは、まさにこの他責思考で、自分では何もしようとしない姿勢の現れです。

しかし、よくよく考えてみれば定期清掃業者（ワックスがけ、窓ガラス磨きなど）や日常清掃業者（ゴミ捨て、水回りの掃除）の仕事は、「資産としての建物」のメンテナンスでしかありません。

会社という1つの場所に人が集まり、仕事をする、ということを考えると、そこに集まる〝人〟がその場の「流れ」や「空気」を生み出すのです。

だからこそ、**いきいきとやる気が出る明るい環境や、よい流れを整えるのは、自分たちの手でやるべきこと**だと言えます。

気持ちよく働けて、なおかつお客様に「また訪ねたい」「ここなら安心だ」と思っていただく空気を生み出すことは、仕事の土台、基本中の基本です。

そう考えれば、整理・整頓・清掃も「汚れたところの後始末はイヤ」ではなく、「全員が力を発揮する仕事の舞台づくり」と捉えることができます。

オフィスの環境整備は、自分たちの仕事。

この覚悟が決まったら、今まで見えなかったものがどんどん見えるようになります。

そして、場も空気も見違えるように変わっていくはずです。

定期的にチェックしよう

- □ 朝一番で、来客用エントランスから入ってオフィスを見渡してみる
- □ 業務中、席を離れて来客用エントランスの外に行き、深呼吸してから開けてみる
- □ 新入社員に、面接で来社したときの第一印象を正直に話してもらう

なるべく客観的に、
社員全員でチェックすることを心がける

まずは、社長や組織のトップが号令をかけて、上記のような方法で、定期的に職場をチェックすることから始めてください。

ポイントは、なるべく客観的に見るよう心がけることと、社員全員でチェックすることです。

チェックしたあとは、「エントランスの壁にかかっている表示はいらないんじゃないか」「パンフレットがどこにあるかわからない」「棚がごちゃごちゃしていてうるさく感じる」など、感じたことを共有する時間を設けましょう。

現状認識ができたところで、どこをどういう風に改善していけばよいか、整理・整頓・清掃に取りかかっていきます。

6 整理②　とりあえず職場にあるものを減らす

まずは不要なものを処分してから

いよいよ5Sの実践に入っていきます。

1番初めに取りかかるべきは、空間をすっきりさせる「整理」です。

5Sで言う整理とは、ものの数を絞ること、不要なものを捨てることを意味します。

スタート時点でものがあふれていたら、このあとの整頓・清掃ははかどりませんし、そもそもこれから捨てるものを綺麗にしたところで意味はありませんよね。

また、「入るところがなければ、入るスペースをつくればいい」という発想で、新たな収納棚などを買うのはお勧めしません。

いまの現状であるスペースですら管理できていないのですから、多少棚が増えたところで、ものが増えていくだけです。

収納スペースに関しては、整理で不要なものを捨ててから考えるべきでしょう。

◯……誰もが一目でわかるような判断基準を持つ

ここで重要になるのが、整理するためのルールをつくることです。

整理では、職場にあふれる大量のものを、誰でもすぐに使ったり戻したりできるよう、機能的に配置しなければなりません。種類別、動線別、時系列別といった分類法に加えて、見た目の美しさを考えると大きさ、色、形など考えるべき要素はたくさんあります。

ただ、**複雑なルールにしてしまうと、「誰でもすぐに使える／戻せる」というのが難しくなってしまい、すぐに乱雑な状態に戻ってしまいます。**

その上、当たり前のことですが、空間には限りがあります。完璧な収納空間をつくろうと思うと、かなりの設備投資が必要になってしまいます。

5Sのためにそんな投資をする余裕はないと思いますから、今あるスペースや設備をできる限り活かす方法を考えるしかありません。

こう聞くと大変だと感じるかもしれませんが、ここで鍛えられるのが、第4章でお話しした「決断力」です。

ものを捨てるときに、後先考えずに捨ててしまうのではなく、ものの優先順位をつけ、実際に捨てるというプロセスを踏むことで、自分で考えて決める力が身につきます。

何度か繰り返すうちに、気がつけば日々の仕事にも応用できるようになっているはずです。

また、このときに周囲の人と「これはいるか」「いらないか」といった相談をすることになるので、自然と会話をする時間もでき、円滑なコミュニケーションも図れます。

くれぐれも「いらない気がする」「飽きた」といった曖昧な理由で捨てるのはやめてください。

○……捨てるときの４つの基準

では、どんな基準で整理すればよいのか。いくつかポイントがありますので、これから説明するところを押さえていただければ、スムーズに進むでしょう。

①社長自身が基準をつくる

まずは社長、もしくは上司自らが「ものを減らす」と宣言して捨てる基準をつくり、

整理がうまくいくルール

①社長自身が基準をつくる

→上の立場の者が率先して例を見せないと、下の人はついてこない

②「どれを残すか」で考える

不要（0）　なくても困らない　どちらでも　あったほうがいい　絶対必要（100）

→１００に近いものから優先して残していく

③ものの価値を考える

→仕事にとってプラス、マイナスの面を考えて、プラス面ーマイナス面＝仕事におけるそのものの価値、となる

④自分を主語にする

→(仕事で)自分が使う・使わないで判断する。使うなら、いつ・どこで使うかまで考える

率先して実行します。社員はあとで「あれはどうした」と上司に聞かれたときのために、何でも取っておこうとするので、「名刺は3ヵ月」のように、具体的なルールをつくってしまいましょう。ものを捨てたことを叱らないことも大切です。

②「どれを残すか」で考える

「どれを捨てるか」ではなく「どれを残すか」で考えます。

　モノの価値は「いる」「いらない」と単純に二分できるものではありません。上の図のように、0（不要）↓100（絶対必要）まで、「なくても

困らない」「どちらでもいい」「あったほうがいい」などの様々なランクに分けられます。

100に近いものから優先させて、スペースに合わせて残すようにします。

③ものの価値を考える

ものの価値と言っても、お金の話ではありません。

仕事におけるそのものが持っているプラスの面、マイナスの面について考えてみます。

プラスというのは、それがあれば時間が短縮できる、仕事が捗る、仕事に集中できるなど、仕事をする上でいいことです。

逆にマイナスは、今まであまり着目されていませんでしたが、使いづらい、汚れる、邪魔になる、視界を遮る、重くて疲れる、災害時の落下の危険、などがあります。

プラスからマイナスを差し引いた値が、あなたにとってのそのものの価値です。

④自分を主語にして考える

「これはまだ使える」ではなく「(仕事で)自分は使う／使わない」と考えます。

「使う」と判断した際も、いつ、どんな場面で、など具体的に答えられるぐらいにまで具体的に落とし込みます。

①〜④を1つずつ実践していけば、きっとスムーズに整理できるはずです。

ものが増えて乱雑になるのは、**「いい加減」「ずぼら」という個人の性格によるものではありません。**

それぞれが受けてきた教育、人間関係や考え方の傾向、システムなど、様々な影響を受けた結果の状態です。

ですから、「○○は雑だから」「○○はめんどくさがりだから」などという理由で叱りつけるのではなく、段階を経て無理なく進めることを考えるようにしてください。

7

整理③ 古いものを捨てる

新しいものを入れた分だけ、出さなければならない

整理の基準が定まって、いざ捨てよう、となったときにふとよぎるのが、「捨てたあと、必要になって困ったらどうしよう」という心配です。

そんなときは、困ったらどうするかまで考えてみてください。人に聞いたり、代用できるものがあったり、**案外なんとかなる**ものです。

何より重要なのが、古いものを捨てないと、新しいものは入らない、ということです。

次のページの図を見ながら、解説していきましょう。

それぞれ、10リットル入りの水槽に、8リットルの濁った水が入っています。

①では、2分が経過した時点で水はあふれ出し、相変わらず底のほうの水は濁ったまま、新しい綺麗な水が上からどんどん垂れ流される状態になります。

古いものを捨てないと循環しない

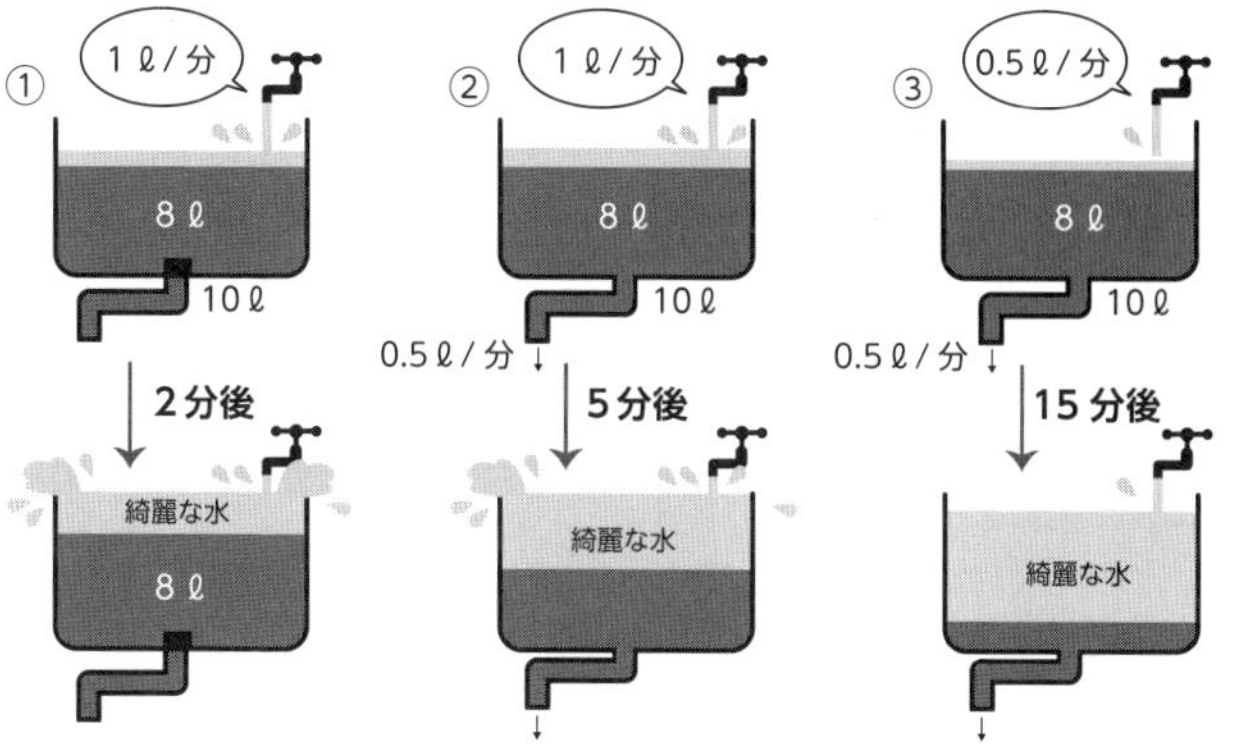

古いものを出さないと、新しいものは入らない。

出す量と入れる量のバランスを考えよう

②は水槽の水は少しずつ綺麗になりますが、4分経ってあふれ出すと、綺麗な水も一緒に上から流出します。

③は、水槽の水の量はいつも8リットルで一定、しかも時間が経つほど、どんどん綺麗になります。

水を職場にあるもの、水槽を職場とすると、①は古いものを捨てないので、新しいものがどんどん入ってくる上、古いものは堆積してしまっているのですぐには捨てられず、**新しいものから捨ててしまっているような「もったいない」状態です。**

②は古くなったものを多少は捨てているものの、新しいものが入ってくるペー

スが速いので、やはり新しいものから捨てられていて、もったいないですね。

理想とするのは、新しいものが入ってきたら古いものを同じだけ捨てる、③のサイクルです。


血液やリンパの流れが滞ると、むくみや冷えなどの症状が出ると言われています。

会社・組織もそれと同じで、新しいものが入ってきたら古いものが出ていく、循環している状態が本来あるべき姿です。

そのためには、
・しっかり出す
・入れる量を調節する
この2点が非常に重要だ、ということですね。

8 整理④ 捨てる技術

絶対に捨てられる方法

ものを捨てることの大切さを説明しても、どうしても捨てられない、という人が世の中にはいます。

ものが少ないとスッキリとして気持ちがいい、と頭では理解していても、行動につながらないのです。

行動し始めても、**自分で無意識にブレーキをかけることさえあります。**「時間がない」「本業が優先だ」「古い資料が懐かしくて読んでしまう」などがこれに当たります。理論だけでは「ものを捨てるのは悪いこと」という感情を乗り越えることができないのです。

では、どうすれば感情を乗り越えることができるのか。

ここでは「課題を達成したい本能」と「視覚の刺激」を利用する方法をご紹介します。

絶対捨てられる方法

・1分ゲーム

→捨てる場所、数を決めて、1分以内で捨てるものを選ぶ

例） 1分間でデスクの引出しから3つ捨てる

・いったん更地作戦

→ものがたくさん置いてあるところ（机の上など）のものを、
すべてゴミ袋にまとめて放置。
ゴミ袋の中のものは、1ヵ月以上放置できたらゴミに出す

・1分ゲーム

場所、数を決めて、1分間でものを処分します。

場所はなるべく小さい範囲で、数は無理のない数から始めましょう。

たとえば、「この引出しから1分間で3個捨てる」といった塩梅です。

制限を設けることで「課題を達成したい」という本能のスイッチが入り、**集中力を高めつつスピーディーに行なうトレーニングになります。**

慣れてきたら、だんだん捨てる数を増やしていきます。

目標を決めずに始めると、ダラダラやってしまい、思うように捨てられません。

引出しやキャビネットなどの、普段は隠れている部分に適した方法です。

・いったん更地作戦

ものがゴチャゴチャと置いてあってスッキリしない場所は、いったん全てのものをどかし、更地（何も載っていない状態）にします。

「1分以内」など制限時間も決めて、全てのものをゴミ袋などにまとめてしまいます。

更地にする理由は、モノがない気持ちよさを目で実感するためです。

また、いったんその視覚的な気持ちよさを覚えると、**それ以降更地にものを置きっぱなしにしづらくなります。**

ゴミ袋には日付を書いて、見えないところに仮置きしておきます。1ヵ月中身を見たり、探したりしなければ、そのまま処分しても大丈夫でしょう。

○アイテム別・捨てる基準一覧

ここでご参考までに、ジャンル別の捨てる基準をご紹介しましょう。

業種や会社によって多少例外はあると思いますが、自社内にルールがない場合は、以下の基準を参考にしてみてください。

①本・雑誌

本・雑誌は発行から経過した期間がポイントです。

データを重視するビジネス書の場合は、最新情報を検索したほうが正確ですので、発行後6ヵ月が目安です。

自社の業務とは関係のない贈呈本が多い場合は、送られてきたら「さっそく拝読させていただきます」と礼状を書いて処分するという選択肢もあります。

雑誌は次の号が出たら前の号を捨てます。

②書類

書類は、過去半年間で1度も見ていないものは不要と判断します。**見なかったということは、イコール不要**だからです。

他社からの提案書、全員に配られた会議の資料や議事録、単なるプリントアウト、メモ、終了した会合案内などは、半年を目処に処分して大丈夫です。

それ以外に、プロセスを確認するもの、マニュアル、再度取り寄せられるカタログなど部署に1部あればよいものは、1部を残して捨てましょう。

捨てる基準一覧

①本・雑誌

→・ビジネス書（データ用）は6ヵ月
・業務に関係のない本はすぐに処分
・雑誌は次の号が出たら捨てる

②書類

→・過去半年で1度も見なかったもの
・他社からの提案書、会議資料、議事録などは半年で捨てる
・部署に1部あればよいものは、1部を残して廃棄

③文房具

→・直近の1ヵ月で使わなかったもの
・3つ以上あるものは、3つ残してあとは捨てる
・メモ・付箋は1ヵ月分以上は不要

④名刺

→・3ヵ月ごとに見直し、顔も覚えていない人のものは捨てる

③文房具

文房具は、直近の1ヵ月で使ったかどうかが目安です。黒ボールペンなど、同じ種類のものが3つ以上ある場合も、3つまでに減らしましょう。

ちなみにメモ、ポストイットは何かといただくことが多いですが、過去1ヵ月で使った分と同じだけあれば十分です。

④名刺

名刺の数＝見込み客の数とは限りません。

不要な名刺まで取っておくと、本当に大切な人の名刺が紛れてしまいます。

とりあえず時系列で並べておき、長くても3ヵ月ごとに見直しましょう。

顔も覚えていないような人は、今後もビジネスにつながる可能性は低いと判断します。「もしかしたら……」という気持ちになるのは、ビジネスモデル自体がしっかりしていないことにも原因があります。「どんな人にきて欲しいのか」「どんな人にきて欲しくないのか」というターゲットが明確になっているか、1度確認してください。

最後に、捨てる際に注意していただきたいことが1点あります。

せっかくいるもの・いらないものを分けてゴミ袋などにまとめても、1番最後の「捨てる」を実行しなければ意味がありません。せっかくまとめた雑誌の山が、給湯室の隅でホコリをかぶっているのもよく見かける光景です。

また、ゴミを分別しないまま出してしまうと、担当者が再度分別し直す、と二度手間になってしまいます。

ゴミをスムーズに出せるように、ゴミの分別方法、収集日などは社員全員に徹底させましょう。分別ごとに収集曜日を書いたゴミ箱をつくるのも1つの手です。

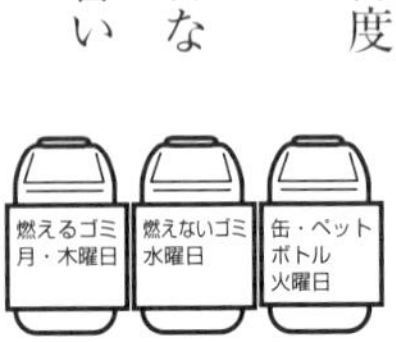

分別・収集日を明記したゴミ箱があると捨てやすい

9

整頓① スッキリ見えて使いやすい収納方法

パッと見で全部把握できる状態がベスト

整理がすんで不要なものがなくなったら、今度は残ったものを使いやすく配置する、「整頓」の作業をします。

このときにもっとも大切なことは「検索性」、つまり**スピーディーに取り出せること**です。

一方で収納システムの構築コスト、維持コストはなるべく抑えることも大きなポイントです。寸法ぴったりの細か過ぎる仕切りや、使うたびに崩れて誰かが時間をかけて整頓し直さなければならない、というような収納方法は適切ではありません。

だからといって、大きな収納スペースがあるのも考えものです。

人間、**スペースがあると逆に何でも取っておいて、ためこんでしまいます**から、すぐに整理前の状態に戻ってしまいます。

収納スペースの適正容量は、５～７割です。

何が入っているかが一目で見渡せて、新しいものが入ったら古いものを捨てる、という循環が滞りなくできる分量と言えます。入る分だけ目一杯詰め込むのは禁止です。

○……中は使いやすさ、外は見た目を優先

整頓の基本は、中は使いやすさの重視、外は美しさを優先させる、この２点に絞れます。

まずは、「中」の部分についてですが、引出しの中など外から見えない部分は、よく使うものを手前に置きます。

原則として「１列、１段」で一覧できるようにします。

並べ方のルールは多少流動的でもかまいません。**「きちんと並べること」に時間や労力を割くべきではない**ので、とにかく一目で何があるかがわかる状態であれば大丈夫です。

奥行きのある棚の後ろや背の高い棚の上部はよくデッドスペースと言われ、何とか工夫して１００％活用しましょう、なんて言われますが、ここに入れたものは普通の姿勢では見えませんので、次第に「見えない」→「使わない」となります。

これも工夫する時間・労力がもったいないので、そのまま置いておきましょう。

また、キャビネットの中にある公共の文房具（穴あけパンチやカッターなど）は、それぞれのサイズごとにまとめてトレーに入れて、使うときだけ引き出します。こうすると、バラバラとばらけることもなく、見た目にもスッキリとして使いやすいです。

外から見た美しさに関しては、**「接客エリア」「作業エリア」を見極めましょう。**

「接客エリア」では、美しく見えることが最優先。ものは極力置かず、置いてあるものはきちんと拭いて手入れをしなければなりません。

ですから、打合せテーブルの上には何も置かない、受付の電話はピカピカに磨き上げる、などが必要です。

一方の「作業エリア」では、機能性や安全性、効率などを多少優先してもかまいません。ポイントは、来客から見えるかどうか。来客がいきなりオフィス全体を見渡せるような構造の場合は、パーテーションやロールカーテンで仕切りをつくるとよいでしょう。

綺麗に仕上がる2つのポイント

先ほど、外見の美しさも重要なポイント、と言いましたが、整頓する際に意識すると綺麗に仕上がるポイントが2点あります。

それは、「角度」と「広がり」です。

まずは角度ですが、目に見えるところにあるものが、あっちを向いたりこっちを向いたりと、**てんでばらばらな方向に向いていたら、乱雑に見えてしまいます。**

外から中身が見えるキャビネットや書棚は、高さ・向きをそろえてラインをスッキリと整えて並べることで印象が変わってきます。

大きさの違う本やファイルを奥まで差し込むと前の線がガタガタするので、前は棚板の端とラインをそろえます（この並べ方だと、前に余分な水平部分がないので、ホコリがたまらないというメリットもあります）。

デスクの上や外に出ているものは、90度、180度の角度に合わせて整然とそろえます。

少ししゃれた感じを演出したいとき、パンフレットなど目立たせたいものは、ホテルのシャンプーや高級雑貨店のディスプレイのように45度の角度にしてみてください。

また、**平面にものが散らばっていると、とても狭く見えます。**

ものが多いときは、まず1ヵ所に積み上げて、何も載っていない部分を広げるとスッキリします。エントランスのカウンター、各自のデスク、打合せ用の机などに有効です。

10 整頓② 特に気をつけたい収納スペース

賢い引出しの使い方

整頓のルールは中は使いやすさ重視、外は美しさ重視、ということでしたが、特に整頓に困るであろう場所が、各自のデスクの引出しの中だと思います。

そこで、より詳しい引出し内の整頓方法について解説しましょう。

このルールに則れば、もう何かが引っかかって引出しが開かない！　なんてこともありませんし、ものも増えないはずです。

①デスク面の真下の浅く大きな引出しは、いつもは空の状態にしておきましょう。外出するときや退社するときに、やりかけの書類を一時的にしまう場所として使います。

デスクの袖（横）の引出しは奥が深く、全部引き出すとレールが外れやすくなってしまいます。奥はデッドスペースになりがちですので、**目一杯入れる必要はありません。**

引出しの使い方ルール

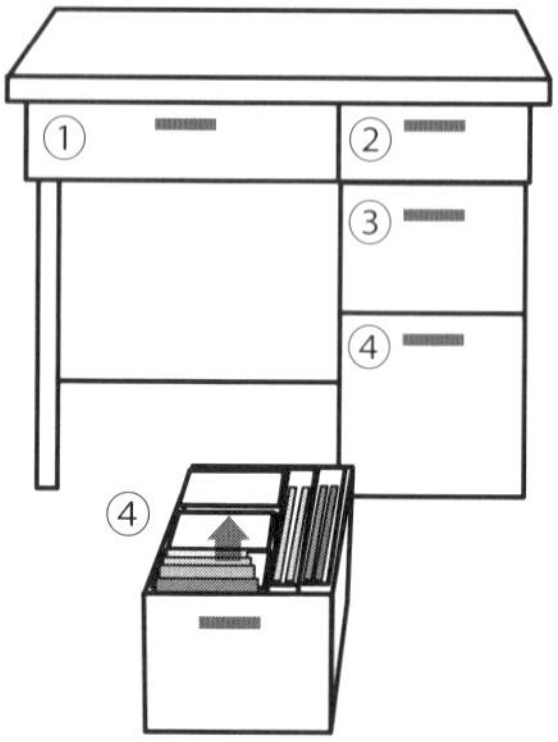

①いつもは空の状態で。やりかけの書類を一時的に置いておく場所

②いつも使うものを入れておく
例）文房具・印鑑など

③いつも使わないが、必要なもの
例）電卓・名刺など

④書類を入れるところ。手前から使用頻度の高いものを並べる

②袖の1番上の引き出しは、文房具や印鑑などすぐに使うものを入れます。

高さを有効に活用するためにスライド式のペン用のトレーがついていたりしますが、その下に入れたものは見えないので使えません。ペンやハサミが上に引っかかって引出しが開かなくなることもありますので、このトレーは外したほうがよいでしょう。

③上から2番目は、電卓や名刺などの収納スペースです。深さがあるので、立てて入れ、上からすぐに取り出せるようにします。

名刺はブック型ホルダーに入れると、順番が固定され、**「コレクション化」してしまいます。**取引先との流動的な関係に対応するために、箱に日付順に並べておき、改めて取引が進んだら抜き出してジャンル別にしまう、というように工夫しましょう。

④1番下の深めの引出しは、A4サイズが横向きに立てた状態で差し込めるサイズです。書類などを案件ごとに、透明なクリアホルダーかインデックス付きの紙バサミに入れて収納します。よく使うものから順に手前に並べ、市販品のドキュメントボックスがちょうど5つ入ると思うので、図のようにT字形に入れて、体を横に向けたときに取り出しやすくしておきます。

キャビネットは使ったら戻す、を徹底

共用のキャビネットの整頓方法についても解説します。

書類は基本、ホルダーやクリアファイルに入れて、ファイルボックスに立てて入れます。共用のキャビネットでは、「使ったらもとに戻す」というルールの徹底がとても大切です。

空いているところに無造作に戻したり、「あとでまた使うから」と自分の机に仮置き

したりすると、ファイルを探すことに無駄な時間を費やしてしまいます。もとに戻すを徹底すると言っても、**号令だけではうまくいかない場合が多い**ので、色ラベルもしくは「線引き」を活用します。

ラベルの色（赤、青、緑、黄色、オレンジなど）は、ジャンルや業務ごとに分けるといいでしょう。

たとえば、経理関係は黄色ラベルにし、黄色フォルダーは黄色ラベルのボックスに入れ、黄色ラベルの棚に戻す、という使い方です。

「線引き」は、ファイルの背表紙の下のほうに、5cm程度の幅の色ラインを入れます。「1段目は赤」というふうに、キャビネットの棚ごとに色を決めて、放置されているファイルはその色の棚に戻します。

ちなみにですが、キャビネットは、奥行きが浅く、間口は広いものがお勧めです。棚に入っているものを横に並べて一覧できれば、**書類を探したりするのに無駄な時間を使わなくてすむ**からです。

奥行き・棚1段の高さは、ともに35cmを目安にしてください。この35cmとは、オフィスの書類の8割以上を占めるといわれる、A4サイズの長辺＋αの長さです。

もし、業務でB4やA3を使う場合、キャビネットの一部分だけをそのサイズにします。

また、棚全体の高さは、床から天井まで壁面を埋めるものがいいでしょう。

というのも、天井までの間に余分な隙間があるとホコリがたまり、オフィスの空気が汚れる原因になります。

そして、壁面は全面が扉のものがお勧めです。扉があるとホコリが入りにくく、**中が多少ゴチャゴチャしていても扉を閉めればスッキリ見える**からです。

防災面で見ても安心でしょう。

収納家具を買われる際は、「業務拡大の可能性もあるので、収納容量は大きいほうがよい」と考えがちかと思います。

収納スペースが大きいということは、ブカブカの服を着ているようなもので、「まだ大丈夫」と思ってどんどん余計なお肉（会社では「もの」）をつけてしまいます。

逆に、少しきつめの服を着ていれば、常にスリムでいようと心がけるようになりますよね。

収納家具も同じで、「思っているよりも小さめ」を買うよう、心がけてください。

11 清掃① 大掃除ではなく小掃除をコツコツ

隙き間時間の活用でピカピカに！

整理、整頓がすんだら、ようやく清掃に取りかかれます。

ここでご注意いただきたいのは、清掃は本業ではありません。**間違っても丸1日を使って全員で大掃除をして疲れ果てるという、「つらいイベント」をしないでください**（一気に綺麗にしてしまいたい気持ちもわからなくはないですが）。

第1章に挙げた事例でも、始業時間までの15分など、いわゆる隙き間時間を使って実践していました。

この時間を設定する、というのも1つのツボです。場所を決めて取りかかると、どうしても「終わるまでやりたい」と思ってしまうもの。

ですから、「〇分（長くても15分ぐらい）」と時間を設定してから取り組みましょう。

この清掃活動中に、他部署とのコミュニケーションが生まれることが多いので、特に大切にしたい時間です。

また、体を動かすとアイデアが出やすくなったりもしますので、朝のウォーミングアップ、企画を練るときの気分転換などに活用してもいいと思います。

◯……掃除で気を配るべきポイント

整頓のところでも気をつけるポイントがありましたが、清掃でも同様に、意識するだけで普通の清掃がワンランクアップするポイントがあります。

これは4点ありますので、順番に説明していきますね。

①ライン

境界線や隅っこといったラインには、視線がいきがち、つまり、**汚れが目立つ部分**です。ブラシを当て、汚れを落とすとともにラインをスッキリさせましょう。

例）インターホンのボタンの回りと本体の溝、ドア枠とガラスの境目、ドアとノブの境目、パソコンのキーボードの溝、ディスプレイ本体と液晶画面の境目ｅｔｃ．

綺麗に見える４つのポイント

①ライン
→境目のラインがあるところは汚れが目立つ

②光
→ピカッと光っているだけで清潔感アップ

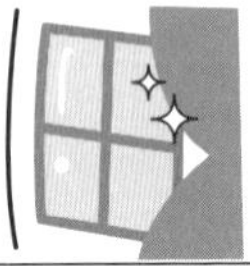

③美白
→シミや汚れも目につきやすい。見かけたら取る

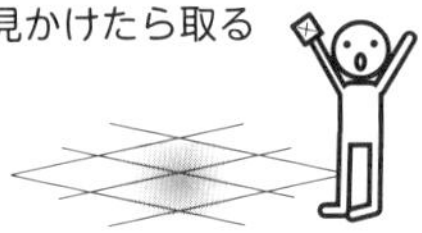

④空気
→印象に残りやすい反面、気づきにくい。こまめな換気を！

②光

ピカッと光るものがあると、そこに視線が集中し、**全体がグッと美しく見えるという効果**があります。

金属やガラス、プラスチックなどのツヤのあるものを磨き上げましょう（あとでご紹介するファイバークロスを使うと、より簡単です）。

例）ドアのステンレス枠、金属製のドアノブ、受付の電話の受話器、パンフレットスタンドの表面、キャビネットのガラス扉、額、応接室の花瓶、蛇口、洗面所の鏡ｅｔｃ．

③美白

カーペットや壁紙の汚れは**目立ちます。**

こうしたシミ・汚れは放置すればするほど取れにくくなってしまうので、見つけたときに取ってしまうのが得策です（詳しい取り方はあとでご説明します）。

例）カーペットの飲み物のシミ、ドアノブ周囲の手アカ、給湯室の壁のコーヒーのシミ、ゴミ箱のフタや周囲の汚れ、デスクのボールペンの線、ホワイトボード面ｅｔｃ．

④空気（＝臭い）

慣れてしまうと気づきにくく、けれど印象に残りやすいのが臭いです。

始業前や来客前に、小さくても数ヵ所を開けて新鮮な空気を取り入れ、換気します。

特に初めてのお客様は臭いに敏感ですので注意しましょう。

12 清掃② ここで差がつく！ プロのテクニック

簡単かつ効率よくすませるコツ

ここでは、お掃除のプロが実践している簡単にできてぐっと綺麗になる方法をご紹介していきます。清掃と言うと、「ぞうきんがけ」などが思い浮かぶかもしれませんが、水を使った「拭く」「磨く」などの動作は時間がかかってしまいます。

そこで、水を使わない「はたく」「払う」「から拭き」などの**簡単な動作でも十分に効果を上げる方法があるの**で、まずは１００円ショップでも手に入る道具を使って綺麗にしてみましょう。

・ガラス磨きは新聞紙

ガラス面を濡れたタオルで拭き、水滴があるうちに新聞紙で磨くと、びっくりするぐらい綺麗になります。新聞紙は1ページの大きさに切り、わしづかみにして、軽くクルクルと磨きます。インクがワックスの働きをして輝きを増し、汚れがつきにくくもなります。幹線道路に面しているところは、洗剤できちんと煤煙の油分を落とし、真水で拭いてから磨くとムラができません。汚れがゆるむ雨上がりがよいタイミングです。

洗面所などの鏡も同じ方法でピカピカにできます。

・デスクの黒ずみの取り方

特にエントランス近くのデスクは、来客の目につくところ。黒ずみやくすみは少量のクレンザーで磨き、ムラなく仕上げておきます。そのまま放置すると粉っぽくなってしまうので、あとはしっかり水拭き・から拭きをします。

・セロテープの跡の取り方

ポスターが貼ってあったセロテープの跡は、残しておくと乾いて汚く見えます。

このとき、ベンジンなどはガラスが曇るので使わないようにしてください。

食器洗い用中性洗剤の原液を塗ってしばらく置きます。ゆるんできたら、割り箸などで傷をつけないように、少しずつこそげ取り、水拭きします。

寒く空気が乾燥した日よりも、真夏の湿度の高い日のほうがラクに落ちます。

・床のシミの落とし方

カーペットには、コーヒーや泥のシミがつきやすく、特にエントランスと来客用ソファの周辺は注意しましょう。

まず汚れたところを濡らし、食器洗い用中性洗剤を直接かけます。5分程度置いたあと、歯ブラシでこすりながらティッシュで叩き取ります。シミを潰すのではなく、輪郭線を外側に向かってぼかすように馴染ませるのがコツです。

フローリングの靴跡や椅子のキャスターの跡などはクリームクレンザーを少したらして歯ブラシでこすり、水拭きします。

・トイレは柄付きブラシと割り箸で

便器の中は食器洗い用中性洗剤をたらし、柄付きブラシで丁寧に磨きます。

洋式便器の場合は便器のふちの内側（水が出てくるところですね）など、普段見えないところに汚れがたまっているので要注意です。先が斜めになった割り箸に濡らしたペーパーを巻き、便器の蓋の根元にある凹凸部分の汚れを取るとスッキリします。

・洗面所はメラミンスポンジと歯ブラシで

洗面ボウル（シンク）は、メラミンスポンジで磨きます。手前のなだらかな部分よりも、蛇口の真下の切り立った部分がはねた汚れで黒ずんでいるので注意してください。排水口の周辺や部品、蛇口の根元やステンレス、プラスチックハンドルの切り替え部分などはクリームクレンザーをつけた歯ブラシでこすります。

最後に水気を拭き取り、蛇口をマイクロファイバークロスでピカピカに磨きます。

・給湯室周りはメラミンスポンジと濡れたクロスで

流し台のステンレス部分はメラミンスポンジでこすると水アカや茶渋も取れてピカピカになります。蛇口は全体的にホコリっぽく、コーヒーのシミなどが飛んでいます。ここは歯ブラシで綺麗にしましょう。

濡れたクロスで壁や、扉の面、ポットをサッと拭くだけでワントーン明るくなります。

○……便利なお掃除グッズ

先ほども少し出てきましたが、あると便利なお掃除グッズをご紹介します。

・マイクロファイバークロス

よく眼鏡拭きに使われているので、見たことがあるかと思います。超極細繊維を使っているので、手アカなど皮脂性の汚れもかき取ってくれて、おまけに洗剤も不要です。軽く息を吹きかけて磨くだけでもピカピカになる優れものです。

・メイクブラシ

毛先が柔らかいので、キーボードや画面、電話などの精密な部分の掃除に便利です。隅っこや溝、段差などのホコリをサッと払います。

・ハタキ

紙製よりも、マイクロファイバーやポリプロピレン製のほうが、静電気を帯びたホコリを吸着しやすいです。デスク面、ソファの座面、キャビネットのレールや扉表面などに。使用する際は、押しつけず、対象から2mm程度離すつもりで、空気を動かすように軽く払うのがコツです。ホコリを取ったら、ゴミ箱の上で叩いてホコリを落としましょう。

・メラミンスポンジ

白く密度の高いスポンジで、5cm程度の立方体に切って、少し濡らして使用します。水アカや茶渋を取るのにとても便利なので、給湯室のステンレス製流し台や洗面所で使います。ぬめりやすいので、マメに取り替えてください。

・紙ワイパー

床がフローリングの場合は、紙ワイパーが必須。すぐ使えるように給湯室の入口など目立つ場所に立てかけておきます。

・充電式ハンディクリーナー

ハンディクリーナーはカーテン、換気口、床の隅っこな

どのホコリを取ることができ、手軽で便利です。

これらのグッズは、仕事しながら、**思い立ったときにいつでも誰でも使えることが大切なポイント**です。

マイクロファイバークロス、メイクブラシ、ハタキの3点セットは会社でまとめて購入し、社員各自に配って、袖引出しの上から2番目の手前部分に、まとめて入れるよう徹底しましょう。

ちなみにですが、特別な洗剤を買う必要もありません。

オフィスのほとんどの汚れは、食器洗い用中性洗剤を少量使えば落ちます。

静電気を帯びたホコリや煙草のヤニなどの少しガンコな汚れも、クリームクレンザーがあれば十分です。二度拭きがいらないという点では、「電解水」も使いやすいものです。

◯……ここに注意すれば二重丸

最後に、いくつか注意点があるので書いておきます。

まず拭き掃除ですが、**汚れたところをいきなり拭いてはいけません。** ホコリをブラシなどで十分に払ってから拭きます。

ホコリは水に解けないため、そのまま拭くと移動するだけです。最後にクロスを持ち上げた場所にたまって、乾いた後でザラザラになります。

拭くときは、むやみに円を描いたり力を入れたりする必要はありません。コーナーから始めて直線の一筆書きで。上下より左右、シンプルで疲れない動きです。

また、壁のクロスの黒ずみやトイレの便器内の汚れなど、ガンコな汚れについては、**1度に綺麗しよう、と思わなくて大丈夫**です。

専門的な洗剤を買えば落ちることもありますが、高価でリスクも高く、その上新たなシミや変色が生じる危険性があり、消費期限も短いためお勧めできません。

食器洗い用中性洗剤やクリームクレンザーで磨く、という手順を繰り返すことで、少しずつですが汚れは確実に落ちます。

限られた時間でできるだけ綺麗にしたいというときは、綺麗にしやすい素材でできた部分を優先的に掃除する、という方法もあります。

というのも、素材によって**「少しの手間で綺麗に見えるもの」**と**「手間をかけても綺麗に見えないもの」があります。**前者を選ぶと、効率よく綺麗にすることができます。

その素材とは、表面がなめらかで汚れが落ちやすく、ツヤがあるものです。

プラスチック（スイッチプレート、マグネットなど）は色鮮やかに光りますし、金属やガラス、アクリル板もキラッと光って綺麗な印象を与えます。

戸棚の扉、デスク、ホワイトボードなどをサッと拭くだけでも、真っ白で清潔な印象が演出できてお得です。

また、**光っているところには、自然と視線が集まる**効果もあります。

清掃のための十分な時間がないときは、素材に注目してみるといいでしょう。

ちなみにですが、逆に手間をかけても綺麗に見えないものは、木製、石、曇りガラス、ビニールクロスの壁、などの素材です。


最初のうちはどうしても動きがぎこちなかったり、どこが汚れているのかがよくわからなかったり、効率も悪いものです。

しかし、**慣れればどこが掃除すべきポイントなのかも段々と見えてきて、動きもスムーズになり、効率が上がってきます。**

エントランスやデスクの周り、壁やキャビネット、トイレや洗面所といった場所ごとに汚れやすい部分を覚えていけば、大して時間を使うことなく、綺麗にすることができるはずです。

「どこが汚れるか」「どのように使うか」をたどってみると、原因を見落とすことなく把握することができます。

自然に汚れる場所は、「水平な部分」「四隅や凹凸のある部分」「素材の境界線」「空気の吹きだまり」「静電気の強い部分」などです。

自分が利用するときに「どんな風に使っているか」を少し、気にしてみてください。手アカや足跡など、落とすべき汚れが見えてくるはずです。

第5章
「これでバッチリ！ ５Sのコツ」の
ポイント

□ 会社自体が１つのメディア。見た目がよくて損することはないのだから、ぜひ５Ｓの実践を！

□ トップ自ら実行宣言、５Ｓ遂行委員長の任命など、社員自ら動き、継続できるしかけが必要

□ 日常の些細な心がけで清潔な状態は簡単にキープできる。ポイントを押さえておこう

□ 現状の職場の問題・状況を認識し、共有することから、整理・整頓・清掃は始まる

□ いるもの・いらないものの共通認識を育て、古いものをきちんと捨てるサイクルに乗せていくのが整理

□ 誰が見ても一発で取り出せるようにものを収納させていくのが整頓。使いやすさに加えて、見た目の美しさも重要な要素

□ 大がかりな大掃除は不要。毎日 10 分、15 分の短い時間でコツコツ磨き上げていくのが清掃。

□ 短い時間で成果を出すためには、簡単に綺麗になる方法を知っておく

【参考図書】

『日本電産永守イズムの挑戦』（日本経済新聞社編纂/日本経済新聞出版社）2008
『OQ（オーナーシップ指数）』（ジェームス・L・ヘスケット、W・アール・サッサー、ジョー・ホイーラー著/川又啓子、諏澤吉彦、福冨言、黒岩健一郎訳/同友館）2010
『【新装版】奇跡の人材育成法』（永守重信著/PHP研究所）2008
『上昇思考』（長友佑都著/角川書店）2012
『「第二の脳」のつくり方』（辻秀一著/祥伝社）2010
『夢をつかむイチロー262のメッセージ』（『夢をつかむイチロー262のメッセージ』編集委員会著/ぴあ）2005

【著者紹介】

川原 慎也（かわはら・しんや）

◎―船井総合研究所、上席コンサルタント。
◎―福岡県出身。外資系自動車メーカーにて営業、マーケティングなどを経験したのち、1998年船井総合研究所に入社。年商1兆円以上の大手企業から社員3名の零細企業まで、企業規模や業種業態を問わず幅広くコンサルティングを行なっている。
◎―クライアント企業の本質的な課題に切り込み、社員を巻き込みながら変革させていくコンサルティングスタイルに定評があり、特に組織変革や社風改革といったテーマに強い。
◎―著書に『これだけ! PDCA』（弊社刊）、『絶対に断れない営業提案』（共著、中経出版）がある。
《HP》「経営企画室 .com」 http://www.keieikikaku-shitsu.com/
《お問い合わせ先》船井総合研究所 無料経営相談窓口 0120-958-270（平日 10：00～18：00）

響城 れい（ひびき・れい）

◎― Office W-being 代表。神戸大学卒業。芦屋市出身。日本シェアハウス協会理事。
◎―ハウスクリーニング運営20年、2,000件以上を訪問。東京ガス、三菱地所などでCSマナー研修を実施。NHK教育テレビ「まる得マガジン」などに出演。全国のシルバー人材センター、商工労働部、商工会議所などで講演や実技指導講座を実施している。
◎―20年のハウスクリーニング運営の経験に裏打ちされた実践的かつ具体的なアドバイスで、数多くの家庭、店舗、オフィスなどを劇的に変身させている。
《お問い合わせ先》E-mail：w-being@kobe.so-net.jp（Office W-being）

これだけ！ 5S

2013年8月29日 第1刷発行
2017年4月5日 第5刷発行

著　者　川原 慎也
　　　　響城 れい
発行者　八谷 智範
発行所　株式会社すばる舎リンケージ
　　　　〒170-0013 東京都豊島区東池袋3-9-7 東池袋織本ビル1階
　　　　TEL 03-6907-7827
　　　　FAX 03-6907-7877
　　　　http://www.subarusya-linkage.jp
発売元　株式会社すばる舎
　　　　〒170-0013 東京都豊島区東池袋3-9-7 東池袋織本ビル
　　　　TEL 03-3981-8651（代表）
　　　　　　03-3981-0767（営業部直通）
　　　　振替00140-7-116563
印　刷　ベクトル印刷株式会社

乱丁・落丁本はお取り替えいたします。

ISBN978-4-7991-0272-5